PAIS & filhos

uma relação delicada

PAIS & filhos

uma relação delicada

4ª edição revisada

Artesã

Pais e Filhos - uma relação delicada
4ª edição - 2ª Reimpressão 2020

REVISÃO
Eliane Mara Alves Chaves

CAPA
Sílvio Gabriel Spannenberg
Fabrício Tacahashi Lau dos Santos

PROJETO GRÁFICO E DIAGRAMAÇÃO
Sílvio Gabriel Spannenberg
Fabrício Tacahashi Lau dos Santos

R829 Rosset, Solange.
Pais e filhos : uma relação delicada /
Solange Rosset. 4. ed. – Belo Horizonte : Ed. Artesã, 2014.
174 p. ; 23 cm.

ISBN: 978-85-88009-39-4

1. Relação pais e filhos. 2. Terapia de família.
3. Terapia relacional sistêmica. I. Título.

CDU 159.9.019

Bibiotecária Responsável: Aline M. Sima CRB-6/2645

IMPRESSO NO BRASIL
Printed in Brazil

(31)2511-2040 (31)99403-2227
www.artesaeditora.com.br
Rua Rio Pomba 455, Carlos Prates - Cep: 30720-290 | Belo Horizonte - MG
/artesaeditora

Aos meus pais, **Almir** e **Clarisse**, pelas aprendizagens e relações no ser filha.

Ao **Danilo**, meu companheiro na tarefa de sermos pais, pelo muito que me possibilitou aprender, treinar e compartilhar.

Aos meus filhos, **Daniela** e **Tiago**, enriquecedores da minha vida, razões das minhas maiores alegrias e dos maiores desafios.

À **Claudia**, babá dos meus filhos. Sem ela, a tarefa teria sido muito mais difícil; com ela, todos nós tivemos mais tempo e disponibilidade para carinhos, aprendizagens e trocas.

Apresentação

Nos anos de trabalho como terapeuta de família, sempre tive clareza de que a tarefa de vida mais difícil de ser desempenhada era a tarefa de ser pai, de ser mãe. Não tem manual, não tem possibilidade de fazer certo, não tem como ter certeza.

Quando resolvi escrever um livro sobre as relações pais e filhos, desejava escrever algo que ajudasse os pais a viver essa tarefa de forma mais tranquila, mais prazerosa, e que ajudasse os filhos a enxergar sua parte nessa caminhada, a crescer e a aprender a se responsabilizar.

Acima de tudo, queria fazer um livro leve, sobre um assunto sério, um livro bem humorado, um livro que desculpabilizasse (mas responsabilizasse), um livro que desse esperança.

Ao escrever, tive momentos de desânimo, de desistência, pois ele estava saindo mais sério do que eu queria, mais pesado do que eu achava útil; às vezes, professoral demais ou com cara de manual, inatingível. Nas vezes em que desejei parar, o que mais me desanimava era a dificuldade de organizar os temas, de definir a importância deles. Só descansei quando compreendi que, na vida, não existe a separação, a clareza e o discernimento que eu esperava ter. Ao falar de "como as coisas passam", estava falando de "autoestima"; ao dar exemplo de "invasão de privacidade", dava um exemplo que também serviria para "como lidar com os excessos".

Um assunto gera outro; uma aprendizagem abre novos assuntos; uma angústia desencadeia novas dúvidas. Percebi que foi assim que fui mãe! Percebi que foi isso o que testemunhei como terapeuta e acompanhante de tantas pessoas no desenvolvimento da tarefa e do papel de pais.

Ao terminar, reorganizei meus desejos iniciais. O que desejo, agora, é que muitos pais se acalmem, responsabilizem-se e apaziguem-se nessa ingrata e tão importante missão.

Penso isso com respeito, compaixão e certeza de que, quanto mais consciência eles tiverem das suas emoções, das suas qualidades e dificuldades, mais aptos estarão para criar filhos responsáveis, saudáveis, alegres e batalhadores. De pai a pai, de filho a filho, de passo a passo, o mundo ficará um pouco melhor; a vida será mais leve e enriquecedora.

Sumário

11 Introdução

21 1. Pais e filhos

29 Aprender com os filhos

37 Como as coisas passam

45 Crueza ou crueldade

47 Ciclos vitais

67 Espaço familiar

75 Lidando com a emoção

89 Recursos da própria família

91 2. Filhos e pais

101 Aceitar o filho real

105 Autoritário com autoridade

115 Conflitos conjugais

125 Controle da ansiedade

129 Época certa

133 Pertencer e separar-se

135 Público e privado

141 Superproteção

147 3. A Vingança do bom filho

157 4. Finalizando

159 Passado, presente, futuro

163 Último

165 Referências

167 Obras consultadas

Introdução

Sou uma terapeuta de família **relacional sistêmica**. Na minha formação e prática clínica, aprendi alguns princípios sistêmicos que tornam a vida mais funcional, mais integrada, mais bem humorada. Colocar tais princípios no dia a dia, na educação, na criação e na relação com os filhos é uma possibilidade de viver essas tarefas de forma mais leve; ao mesmo tempo, torna as pessoas completamente responsáveis por escolhas, atos e movimentos.

Ao escrever esse livro, não queria um manual, nem um livro acusatório; muito menos que se passasse como o dono da verdade. Decidi, então, falar como se estivesse na presença de cada leitor e rechear com explicações, teorias e "psicologias". As historietas são fatos acontecidos na minha vida pessoal, no consultório; com pessoas conhecidas ou das quais ouvi falar; mas todas ocorreram, inúmeras vezes. O conteúdo pode ter sido um pouco diferente, mas o funcionamento e a questão sempre eram semelhantes.

Os assuntos selecionados não são os únicos que ocorrem na relação pais e filhos, mas optei por eles por serem os que mais ocorreram no meu trabalho, porque são dos mais importantes ou foram aleatória e intuitivamente escolhidos.

*****

Pensamento relacional sistêmico

As minhas colocações pressupõem algumas crenças (teóricas, sistêmicas ou pessoais). Acho importante clareá-las neste momento para dar enquadramento ao que falo nas páginas seguintes.

Escolhas

Inicialmente, acredito que tudo na vida é da nossa escolha. Nada acontece conosco que não seja escolha e responsabilidade nossa.

> Escolho tudo o que faz parte de minha vida e sempre o fiz. Escolho meu comportamento, meus sentimentos, meus pensamentos, minhas enfermidades, meu corpo, minhas reações, minha espontaneidade, minha morte.
>
> De algumas destas escolhas, escolho tomar consciência, e de algumas outras, escolho não tomar consciência. Geralmente opto por não perceber sentimentos com os quais não quero me confrontar, pensamentos que são inaceitáveis, e algumas das relações de causa e efeito entre determinados eventos.
>
> O que tem sido denominado inconsciente fica, com esta formulação, desmistificado. Escolho até isso. Meu inconsciente é, simplesmente, todas aquelas coisas das quais escolho não tomar consciência.
>
> Não existem incidentes. Os acontecimentos ocorrem porque escolhemos sua ocorrência. Nem sempre estamos conscientes de os estarmos escolhendo.
>
> Uma vez que aceitamos a responsabilidade pela escolha de nossas vidas, tudo fica diferente. Temos poder. Decidimos. Estamos no controle.[1]

Níveis de consciência

O nível de consciência que temos do andamento das nossas escolhas é maior ou menor; aumentá-lo é um dos objetivos do processo terapêutico e um foco importante nas minhas ideias e formas de trabalhar e escrever. É, também, o objetivo mais importante desse livro.

O indivíduo que tomar consciência de seu funcionamento e de suas dificuldades (ou problemas) poderá desenvolver um programa

---

1 SCHUTZ, W. **Profunda simplicidade**. São Paulo: Ágora, 1989. p. 33.

de mudanças e, assim, ter como treinar novos comportamentos, atitudes, sentimentos.

Sistêmico & Linear

Para facilitar a compreensão da forma sistêmica de pensamento das questões clínicas e relacionais, é importante diferenciar as formas de pensar: linear e sistêmica.

Na compreensão linear, cartesiana, o foco ou a preocupação principal na avaliação das situações é descobrir o **porquê** das reações e dos fatos. Isso se dá pela crença de que existe uma simplicidade na compreensão dos fatos, de que se definirmos qual é a causa, teremos controle sobre as respostas, os efeitos.

Sistemicamente pensando, sabemos que não existe uma causa que desencadeia um fato. Sabemos que, se ampliarmos nosso olhar, veremos que existe sempre uma infinidade de causas que desencadeiam situações, que desencadeiam outras, que desencadeiam outras. A avaliação é muito mais complexa; exige disponibilidade em olhar todos os ângulos e situações sem pré-conceitos. A preocupação sistêmica é de enxergar **o quê** e **como** algo **está acontecendo**. Então, o foco não é no passado, buscando-se algo ou alguém culpado pelo que aconteceu, mas no **presente**, avaliando-se **quem** está envolvido na situação, **de que modo**, quais são os **padrões** relacionais que **estão** ocorrendo. Assim, mais importantes do que os conteúdos são os padrões de interação e funcionamento, sempre conectados com o momento e o contexto.

No pensamento linear, o desejo é de encontrar explicações e compreender. Na proposta sistêmica, o desejo é de buscar novas alternativas de funcionamento e mudança.

Vítimas & Bandidos

Pensar dessa forma traz à tona a questão de que não existem vítimas ou bandidos. Acreditar que existem é uma forma simplista de ver e lidar com as situações relacionais. Se nos posicionamos como juízes, vítimas ou bandidos, a realidade fica delimitada, os papéis e as hipóteses ficam cristalizados e muito pouco há para se fazer além de condenar, punir, culpar. Acreditamos que os lances de relacionamento são circulares, são codesencadeadores; que o comportamento de um desencadeia e mantém o comportamento do outro e vice-versa. Dependendo do ponto em que colocamos nossa atenção, podemos enxergar diferenças totais no desencadeamento das sequências comportamentais. Se compreendermos que somos parceiros na situação, passamos a ser completamente responsáveis pelo que acontece. Responsáveis e potentes: podemos desencadear, mudar o andamento, encerrar.

Certo & Errado

Quando pensamos sistemicamente a vida, uma das primeiras coisas das quais se abre mão é da segurança em acreditar que existe uma separação, uma clareza entre o certo e o errado, pois o certo muda e perde a importância dependendo do ângulo que olhamos a situação. O certo só é certo, a verdade só é a verdade, se fixarmos um olhar e não mudarmos de ângulo, de contexto, de configuração.

Causa e efeito & Pensamento circular

A noção de causa e efeito conduz a um pensamento linear e vertical, define carrascos e vítimas e conduz à perda da mobilidade e flexibilidade nas relações. Ao olhar a família como um **sistema**, um círculo, enxergo que cada um tem a sua participação e responsabilidade, que todos se influenciam reciprocamente, independente da idade que têm. Dessa forma, desejo fornecer às famílias e aos indivíduos maior movimentação e possibilidade de reorganização.[2]

Funcionamento sistêmico

Funcionar sistemicamente faz uma profunda diferença nas relações, principalmente nas relações entre pais e filhos.

---

2 GROISMAN, M. **Família**: trama e terapia. A responsabilidade repartida. Rio de Janeiro: Objetiva, 1991. p. 69.

Se acreditar que não existe certo e errado pré-definidos, vou treinar isso no dia a dia com os filhos: não vou definir as regras ***a priori***, mas redefinir caminhos a cada passo, estar disponível para refletir e rever minhas verdades e decisões.

Se souber que não existem vítimas e bandidos, vou olhar as situações com novos olhos e, ao invés de crer que meu filho me sacaneia, ou que eu o estou sacrificando, vou poder enxergar como nós estamos construindo essa história em conjunto, depositando expectativas, mágoas ou raivas de forma contínua.

Se compreender que tudo é uma questão escolhida e o que faz a diferença é o nível de consciência das escolhas, vou direcionar nossa relação de forma a facilitar a tomada de consciência e de responsabilidades, tanto a minha como a dos filhos que estou preparando para a vida.

Nada disso é muito fácil, mas pode fazer muita diferença, pode fazer a vida e a relação valerem a pena.

Tais pais, tais filhos

Inúmeras vezes, eu disse aos pais que supervisionava: "Sinto muito, mas os seus filhos não terão as neuroses do vizinho." Com isso, quero sempre mostrar aos pais que o que eles são eles passarão para os filhos. É assim. Existem muitas frases e ditados da psicologia que definem essa questão, mas o meu propósito é que os pais enxerguem o seu padrão de funcionamento e saibam como os filhos repetem-no; é, acima de tudo, auxiliar os pais a lidar com as inseguranças, com a responsabilidade (não com a culpa!), com sua emoção e com a emoção dos filhos.

Muitos pais, enquanto estão vivendo uma fase difícil, trabalhosa, têm a sensação, a fantasia, de que não vai passar! *Lembro de uma amiga, com dois bebês de dois anos de diferença, abarrotada de fraldas para passar (naquele tempo se passavam fraldas!), com os dois pequenos com gripe, num final de tarde chuvosa, sem ter tido tempo de se olhar no espelho, desacorçoada, que me perguntou: "Você jura para mim que isso vai passar?"* Ela me serviu de ícone em todas as situações em que eu tinha de resgatar a esperança e a crença dos pais: era uma fase, não era culpa de alguém, era da vida, passaria e viriam outras. Há luz no fim do túnel, mas sempre existirão novos túneis, usando uma metáfora banal.

Expectativas frustradas

Uma outra dificuldade que todos os pais encontram é quando os filhos não saem como eram esperados. *Uma conhecida minha berrava, indignada: "Ele não saiu de acordo com o projeto! Não foi isso que idealizei!." O que saíra errado, naquele momento, era só a indelicadeza do filho com relação às dores e dificuldades da mãe, que estava atravessando uma fase difícil.*

Essa frustração pelo produto final, não de acordo com as especificações iniciais, piora muito quando os comportamentos, os defeitos, os erros dos filhos são mais sérios e concretos. Na verdade, eles nunca saem como a expectativa que tínhamos, pois eles não são nossa obra; podem ser, no máximo, nosso projeto, que foi reorganizado, redesenhado, posicionado de forma diferente. Quanto mais os pais aprenderem a lidar com essa frustração, com a sua própria carência, e a manter sua autoestima, independente do quê e no quê o filho transformou-se, mais aptos eles vão estar para acompanhar os movimentos novos e diferentes dos filhos. Só dessa forma vão poder compartilhar e até intervir em alguns momentos. Apesar de ser difícil lidar com as situações e relações, os pais precisam saber que ser diferente do projeto alheio é muito saudável e funcional.

A maior parte do que fazemos é definido por aspectos dos quais não temos consciência: são inconscientes ou estão fora da consciência do momento. Essa é uma questão interessante, especialmente para os pais. É o exercício de refletir sobre essa situação e poder trazer à consciência não só os fatos, mas as emoções e os sentimentos ligados à sua própria infância e ao momento atual dos fatos. Essa é uma forma de compreendermos muitas das nossas ações, dificuldades e facilidades com nossos filhos.

Ambivalência

Outro assunto que não pode ficar de fora dessas elucubrações é a ambivalência. Esse termo significa, etimologicamente, que há dois valores iguais; ou seja, na linguagem corrente (derivada da psicológica), é ambivalente toda pessoa que, em uma dada situação, experimenta sentimentos contraditórios ou manifesta, simultaneamente, atitudes opostas. Na nossa cultura, aprendemos que só o desejo positivo deve ser confessado pelos "do bem". Aprendemos que todo mundo só tem bons sentimentos; os pais e as mães têm mais do que todo mundo. Isso dificulta tomar consciência e lidar com os sentimentos antagônicos e os não-aceitos.

Lembro de uma jovem mãe, que me procurou porque estava com depressão puerperal, e do susto e alívio dela e do marido, que estava junto na sessão, quando eu afirmei que todas as mães tinham imenso amor pelos seus bebês e, paralelamente, um imenso desejo de se desfazer deles, de jogá-los contra a parede ou janela abaixo. Falei naturalmente, sem tom de censura ou avaliação; só então, os dois puderam dar vazão aos sentimentos, impulsos e desejos ambivalentes.

É comum aos pais só ousarem anunciar seus sentimentos contraditórios a partir do momento em que não têm mais medo de serem julgados. O drama é que, como não têm o direito de exprimi-los, escondem os sentimentos cuidadosamente, "reprimem-nos", mas eles não desaparecem; pelo contrário, acumulam-se em camadas sucessivas e são transmitidos de pais a filhos, silenciosamente.

A ambivalência de nossos próprios pais, sua bondade ou maldade, tornou-nos frágeis, hesitantes, pouco seguros de nossa capacidade de amar e ser amados. No dia a dia, atitudes e sentimentos contraditórios estão presentes, ligados a independência e autonomia da criança, a direitos e deveres e a muitos outros aspectos, que não são, obrigatoriamente, conscientes em igual medida, mas têm uma força semelhante. Isso provoca ordens contraditórias e, sobretudo, injunções mudas, que caminham em direções opostas e não contribuem para a serenidade da criança, nem dos pais.[3]

---

3 SEURRIER, C. **Elogio às mães más**. São Paulo: Summus, 1993. p. 101.

Duplas mensagens

A psicologia está repleta de exemplos de como as duplas mensagens paternas e maternas dificultam a vida dos filhos. Dupla mensagem significa que dizemos uma coisa verbalmente e mostramos outra corporalmente ou com outra linguagem não-verbal. Ela será perigosa só se for a única forma de comunicação, o tempo todo, durante toda a formação da criança. Ainda seria pior se acontecesse sem a mínima consciência do adulto que está atuando. Seria disfuncional porque a criança, por ser dependente da relação com o adulto, não pode abandoná-lo, não pode responder adequadamente, não pode explicitar o que está acontecendo e o que está sentindo.

Na minha compreensão, duplas mensagens são inevitáveis. Elas fazem parte de qualquer ser humano, em qualquer relação. Quanto mais consciência o adulto tiver de que age assim, mais controle poderá ter sobre essa compulsão, dando chance para que a criança explicite o que está acontecendo e ambos possam chegar a um denominador comum. *Lembro-me que, quando tinha filhos pequenos, uma das minhas dificuldades era o momento de buscá-los na escolinha, saudosa e preocupada. Ao encontrá-los, dizia verbalmente coisas agradáveis; porém, inúmeras vezes, meu corpo mostrava o desagrado pela meleira do pirulito, pelos pedidos insistentes de "compra mãe?", de "fulaninha pode ir comigo prá casa?", ou pelas coisas quebradas, esquecidas ou... ou... ou...*

Só se ensina o que se vive

Outro assunto que atinge a todos os pais é o desejo de que seu filho seja feliz. No entanto, não é possível conseguir o bem de seus filhos antes de ter encontrado seu próprio caminho e seu próprio bem, pois o bem deles depende estreitamente disso. Não se ensina o que não se sabe. Não se mostra o que não se tem.

Culpabilizar não é curar

Essa tem sido uma das tônicas no meu trabalho. Hoje, quando os casais podem escolher ter ou não ter filhos com mais aceitação social, piorou o nível de cobrança de acertos e erros, e a culpabilização abusiva é um dos efeitos perversos dessa prática contemporânea. Refletir com os terapeutas sobre a importância de não se culpar os pais por todas as disfunções e situações dos filhos tem sido mais fácil do que liberar os pais das culpas que introjetaram!

*****

O livro é dividido em quatro partes. Na primeira, ***Pais e Filhos***, expresso minha compaixão, meu respeito e minha dedicação àqueles que sofrem as agruras de serem pais. Compartilho com eles suas dificuldades, seus medos, suas limitações. Choro com eles; rio com eles.

Na segunda parte, ***Filhos e Pais***, reconheço como é difícil ser filho. Convivo com eles, enxergo e compreendo as dores de estar numa posição impotente, reconheço os estragos e atrapalhos que muitos pais fazem no desenvolvimento dos filhos.

Na terceira parte, ***A Vingança do Bom Filho***, ouso falar de uma questão que norteia meu trabalho com pessoas, adultos ou adolescentes, que foram e são filhos, mas correm o risco de não crescerem porque ficam presos aos álibis das dificuldades que tiveram na relação com os pais. Digo que ouso falar sobre isso por ser um assunto que não é academicamente discutido, não tem referências teóricas, nem bibliografia; porque quem compreende o que falo provavelmente não precisa saber disso; porque os que precisariam saber do assunto provavelmente não entendem, não compreendem, não aceitam.

Na quarta parte, ***Finalizando***, coloco algumas ideias sobre as questões trigeracionais e sobre os dois ângulos de uma mesma situação.

*****

Não tive o desejo de escrever um tratado de pedagogia; muito menos dar um receituário de como criar filhos. Além de ser impossível acertar sempre, cada filho, cada situação pede uma resposta única, espontânea e criativa. Conta-se que Freud respondeu a uma mulher que lhe pedia conselhos: "Seja lá o que você faça, será ruim!"[4] Não há uma conduta a seguir como regra geral, pois não há – ou há pouca – regra geral. Há uma pessoa, que é única, com sua própria história, sua própria vivência, diante de seus filhos, que também são únicos.

O livro acabou sendo um vai e vem dos mesmos temas. Não me esforcei muito para corrigir as repetições, pois, na vida e na relação pais e filhos, os temas também vão e vem, de acordo com as fases, com os momentos, com os focos, com as dores.

A linguagem usada varia conforme variavam minhas intenções e emoções ao escrever. Ao revisar, decidi manter como estava, pois reflete exatamente como me sinto ao falar desses assuntos: às vezes, a especialista; às vezes, a mãe; às vezes, parte do sistema pais; às vezes, filha; às vezes, plácida; às vezes, em pânico; às vezes, lúcida; às vezes, enlouquecida, confidente, crítica, rígida, amorosa, repleta de compaixão, de raiva, de medo ou de reflexão. Mantive a linguagem porque essa é a riqueza do tema.

4 Id.

1

PAIS E FILHOS

Uma das minhas preocupações e tarefas no exercício profissional sempre foi de não cair na mesmice de culpabilizar e atacar os pais pelas dificuldades, agruras e destemperos dos filhos.

Esse mau hábito da sociedade em geral, e de muitos terapeutas em particular, sempre me desagradou e irritou, levando-me a ter um olhar diferente para aqueles pais que me procuravam ou que eu encontrava na vida, que, além da dor do filho desajustado, tinham de aceitar e assumir a culpa pelo erro.

Com isso, desenvolvi ideias, compreensões e até anedotas que me ajudassem a ter compaixão, compreensão e respeito por aqueles pais que ali estavam.

Um amigo meu diz que, quando alguém lhe conta que vai ter um bebê, ele imediatamente dá os parabéns pelo fato da pessoa ter adquirido um compromisso pelos próximos 70 anos! E ele não está equivocado, apesar de irônico. Ter um filho é compromisso assumido pelos 70 anos seguintes – ou pelos próximos 150, 170 anos, se formos terapeutas sistêmicos, que pensam trigeracionalmente sobre tudo; é entrar numa jornada sem mapas, sem roteiros e sem guias, mas com juízes, fiscais, avaliadores, cobradores em todos os cantos da estrada; é ficar responsável pelo ser que nasce mais vulnerável do que todos os seres vivos e não ter nenhuma certeza se vai dar certo, nenhuma garantia do produto final, nenhuma confiabilidade nas "receitas".

Há quem diga que ter um filho é muito legal; pode-se aprender muito; pode ser muito prazeroso; pode dar algumas garantias de ser amado; garante a continuação da espécie, da família, do nome; é a única forma de se aprimorar e aprender sobre alguns assuntos. Isso tudo é verdade. Entretanto, há também quem diga que ser pais é uma tragédia; e isso também é verdade.

O certo não existe

Uma das primeiras ideias do pensamento sistêmico e da causalidade complexa que assimilei, quando me tornei uma terapeuta de linha sistêmica, foi que a verdade não existe, o certo não existe. Para explicar rapidamente e não assustar os adeptos das dicotomias e verdades absolutas, significa que toda avaliação pode mudar fundamentalmente, dependendo do olhar do observador. Ou seja, o mesmo acontecimento, comportamento, pode ser o melhor ou o pior, do bem ou do mal, dependendo de que ângulo o avaliador analise e da sua capacidade de olhar não só o fato, mas o contexto, as circunstâncias, o espaço e o tempo das ocorrências.

Isso é uma maravilha e ajuda muito nos momentos de crise, de definições, de auxílio. Também pode ser o purgatório ou o inferno; por melhor que os pais sejam, por mais que se esforcem, por mais que se policiem, jamais vão fazer tudo certo, jamais criarão filhos perfeitos ou serão pais perfeitos. Primeiro, porque perfeição é impossível; segundo, porque sempre aparecerá alguém para julgar e apontar erros, falhas e lacunas; terceiro, mas não menos importante, porque os filhos são especialistas em sair diferente do projeto. Eles fazem e saem diferentes do que gostaríamos porque cada um é um ser único e faz seu próprio quebra-cabeça; ninguém pode dizer, ***a priori***, o resultado que cada ato paterno vai desencadear.

Então, sempre digo para os pais: "Desistam de fazer certo. Vão fazendo, vão corrigindo, vão se acalmando... Uma coisa é certa: o ´certo´ vocês não vão conseguir fazer!"

Nossos filhos vão apresentar, a nós e ao mundo, as nossas dificuldades. Quanto mais os pais enxergam suas próprias dificuldades, mais podem identificá-las nos filhos e trabalhá-las em si mesmos e neles (sempre a partir de si). Por isso, parece que cada filho escolhe ter a dificuldade que mais afeta aos seus pais, o que é mais difícil para eles suportarem ou aprenderem. Isso é inconsciente, é energético, mas não menos difícil. Defeitos, falhas, maus comportamentos, atitudes dos filhos serão sempre aqueles que realmente afetam aos seus pais.

Explico-me, pois, exemplificando. *Uma mãe procurou-me, angustiada, pois sua filhinha de seis anos estava mentindo compulsivamente e não reagia adequadamente a todas as tentativas de correção. Quando avaliei com ela como, o quê e quando acontecia, foi ficando claro que esse comportamento era o que ela mais rejeitava nas crianças, era o que ela não aceitaria num filho seu, era o que mais a magoava, mesmo sabendo e vendo que não era (ainda) um comportamento doentio. Quando lhe perguntei o que faria se o comportamento inadequado fosse outro, e dei vários exemplos, ela respondeu que seria muito ruim, mas que acreditava que teria como dar um jeito, como controlar, como ensinar diferente.*

Durante anos, vendo pais e filhos, essa situação repetiu-se, mesmo que o conteúdo da queixa fosse diferente.

Compaixão

Uma outra ideia é sobre a falta de compaixão que os filhos têm pelos pais. Não estou falando em filhos "do mal", nem estou falando dos egoístas, superconsumistas, exigentes e donos de todos os direitos que nossa geração provedora, culpada e investidora criou. Estou falando dos "normaizinhos", dos filhos que são "do bem". Daqueles que apontam nossas falhas a cada momento em que erramos; que são completamente crus na hora de nos mostrar as incoerências, as mentirinhas, mesmo sem serem cruéis; que não perdoam um deslize; que não nos poupam da sua crítica; que nos mostram, descaradamente, como nossos erros desencadearam dores, sofrimentos e dificuldades para eles; que se sentem em pé de igualdade para nos ajudar a crescer, aprimorar, penar nossas dificuldades. Ai! Que falta de compaixão!

Ser diferente

Outra questão é a habilidade que os filhos têm em manter sua tentativa de serem diferentes. É a habilidade de nos esnocar; de obedecer à ordem sem obedecer à regra; de nos atacar ou de nos ensinar, dando um jeito de nos manter manietados, fazendo o que querem, mesmo que mudem aparentemente.

É o caso da menina, que sempre foi excelente aluna, especialmente em Português (redações maravilhosas, letra impecável, fluência verbal invejável), e que, na oitava série, começou a ter dificuldades e notas baixas em História, correndo o risco de ficar em recuperação. A mãe, preventivamente mas sem paciência, teve uma conversa séria com a filha e disse-lhe não aceitar que ficasse para recuperação em História, pois não tinha razão, não tinha lógica. Explicou-lhe que ela tinha bons hábitos de estudo, material abundante para pesquisa, pais disponíveis para lhe dar explicações e auxiliá-la, entre outras argumentações, explicações e inúmeros limites. O pai, que tinha mais habilidade e paciência para acompanhar aquela menina e aquela matéria, comprometeu-se a passar os quatro meses que ainda tinham orientando e estudando com ela. E assim foi: a encantadora menina passou com louvor (como sempre) em História e ficou para recuperação em PORTUGUÊS! Ninguém conseguiu entender bem como. Faltou uma nota, faltou um trabalho, ela entendeu incorretamente uma ordem, adoeceu no dia do trabalho em equipe e outras pequenas coisas; sem que os professores e pais se dessem conta, ela se encaminhou para a recuperação em Português, sua matéria predileta e de melhor rendimento.

À primeira vista, parece um jogo de poder, mas pode ser também uma tentativa de manter sua individualidade, de bancar seus desejos e valores. O dilema dos pais é discernir quando é jogo estéril de poder e quando é aprendizagem de definir limites.

Uma amiga veio a Curitiba participar de uma reunião comigo e chegou com o filho de 12 anos a tiracolo. Ele ficou na sala de espera, emburrado, aguardando a saída dela. Ela passou a reunião toda incomodada com a presença dele. Ao repensar o que estava acontecendo, ela se deu conta do jogo de poder que estavam enfrentando.

Ele queria muito vir com a mãe para comprar uma roupa nova, que usaria numa festa no final de semana; ela explicou muito que seria incômoda a companhia dele, mas nada fazia ele ceder nos seus desejos; ela acabou aceitando a sua companhia, reorganizou os horários e compromissos e ficou acertado que ele esperaria enquanto ela estava na reunião e depois iriam comprar a roupa. Uma hora antes de viajarem, ele disse que não queria mais vir, pois sua "candidata à namorada" havia telefonado e ele marcara de encontrá-la na escola. A mãe não aceitou e disse que agora ele tinha de vir! Ele não teve como escolher e veio. Criticou a mãe o tempo todo, na presença de outros companheiros de viagem, e fez muitas baixarias na sala de espera, enquanto a mãe atendia a seu compromisso. Por fim, não comprou roupa para a festa, já que não achou algo do seu agrado.

Após esse episódio de ataques, guerra e sofrimentos, a mãe teve consciência do tanto que estava enraivecida, do tanto que estava provando que ela tinha o poder e do tanto que era irritante o treino de poder do filho. Muitas coisas reorganizaram-se após ela enxergar isso, redefinir regras com o filho e tentarem outras formas de lidar com as situações de impasse.

> Considerando tudo, ser pai e mãe é quase uma tarefa impossível, e todos os pais deixam a desejar de alguma maneira. Mas suponho que, para muitos pais, esse conhecimento não é suficientemente tranquilizador, e eles ainda ficam olhando os amigos e parentes, cujos filhos parecem perfeitos. Quero dizer a vocês que isso é uma ilusão.[5]

Experiência

Há uma metáfora que diz: a experiência é como um carro com faróis apontados para trás, só ilumina depois que se passou; só serve para quem já passou por ela. Quem não viveu não registra a experiência. No entanto, se tivermos paciência para mostrar as diversas consequências de determinada atitude, as crianças aprendem a tomar decisões e serem responsáveis por elas.

Na época em que tinha filhos pequenos e batia-me na tentativa de descobrir a fórmula de ensiná-los a não fazer determinadas coisas que eram perigosas, ouvi uma historinha da qual, apesar de me assustar, não

---

5 MINUCHIN, S.; NICHOLS, M. P. **A cura da família**. Porto Alegre: Artes Médicas, 1995. p. 108.

esqueci mais. Era a experiência de uma mãe que, cansada de explicar para o filhinho que era perigoso subir na janela, e ele continuar subindo, pegou um ovo, deixou cair lá em baixo e desceu com o filho para verem o que acontece quando "alguém" cai pela janela! Eu me assustei, mas dizem que a criança aprendeu!

Aprender com os filhos

Alguns dizem que ter filhos é importante e necessário, pela continuidade do nome ou da família, por questões econômicas, para realização de desejos e fantasias e por muitas outras razões. Com certeza, porém, a maior vantagem é a possibilidade de aprender com os filhos. Ela é infinita, mas exige muito discernimento e humildade; pressupõe sair do local de quem já sabe, já viveu, já é experiente e especialista.

Uma conhecida minha passou por uma experiência que lhe pôs à prova no tocante a fazer bom uso e aprender com as agruras de ser mãe de uma pré-adolescente. Num dia de verão, após o trabalho, essa mulher chega em casa e encontra sua linda e encantadora filha de 12 anos no portão da casa, despedindo-se de uma amiguinha que havia conhecido nas férias e tinha passado a tarde em sua casa. A mãe apresenta-se, é muito gentil e entra em casa. Após alguns minutos, a filha chega e, com suavidade, mas firmeza, inicia o diálogo descrito a seguir.

– Mãe, posso lhe falar uma coisa? Você não vai ficar brava? – A dedicada mãe lhe diz que não, que pode lhe dizer o que deseja, e a filha diz.

– Mãe, às vezes eu tenho vergonha de você. – A mãe, em estado de choque, sem querer perder o juízo, sem querer demonstrar o susto e a mágoa, sem entender o que estava acontecendo, foi adiante.

– Como assim?

– Assim, mãe, como nesse caso de hoje: conheci essa menina na praia, falei muito de você, que você era ótima, dinâmica, uma profissional de altíssimo nível, que viajava, dava cursos e palestras até no exterior e

tudo mais que você é. E daí, ela vem aqui e conhece você, assim... – A jovem mãe ainda tem energia para perguntar.

– Assim, como? – A filha, com toda boa vontade e crueza, responde.

– Assim, vestida desse jeito, com esse vestidinho de tecidinho, sem graça e velho; sem pintura, o cabelo solto e arrepiado, de chinelinho... – A pobre mulher pensou e tentou argumentar que era quase período de férias ainda, que era uma roupa muito confortável para esse dia tão quente, que não via necessidade de se pintar num dia rotineiro de trabalho, sem compromissos externos, que o chinelo era simples, mas confortável, que... que... No entanto, o máximo que conseguiu foi dizer três palavras.

– Você acha isso? – É claro, a filha não só confirmou, como se encaminhou para um grande espelho que tinha no quarto da mãe e a chamou para se ver!

– Olhe, mãe! Você acha que é legal essa imagem que aparece aqui? Que essa roupa combina com a superprofissional que você é? – Um pouco pelo susto e um pouco porque a imagem realmente não era das mais elegantes e belas, ela não disse nada, e isso deu mais entusiasmo para a filha.

– Se você quiser, eu mostro no seu guarda-roupa... – Antes que a mãe esboçasse qualquer reação, a menina abriu o armário e foi separando as roupas.

– Esse é feio, esse é velho, esse você não deve usar nem em casa, esse é legal, esse é bonito, nesse você fica com cara de menina ridícula, nesse você parece com a vovó...

Após eternos 30 minutos, a maratona havia acabado, e minha amiga ficou com meia dúzia de roupas permitidas e um cesto de roupas desaprovadas.

A intensidade da experiência tirou qualquer ação da mulher, apesar de normalmente ela ser rápida no contra-ataque. Algo mexeu profundamente com ela. Chacoalhou sua autoestima, seus valores, e foi se aprofundando. Chegou até a pensar na sua mãe, sempre tão elegante e cuidadosa com a aparência e que se sentia sempre entre envergonhada e orgulhosa do jeito despojado da filha. Resolveu que iria, aos poucos e sem dar tanta prova do poder da filha, rever suas roupas, seus sapatos, sua aparência.

Sem perder sua essência de escolher roupas, sapatos e enfeites que lhe dessem conforto e comodidade, muita coisa mudou. Passou a pedir e escutar a opinião da filha, mesmo sendo uma pirralha, e a pensar e avaliar se sua aparência dizia o que ela queria que dissesse.

Muitos anos já se passaram, mas minha amiga tem clareza de que poderia ter reagido como se aquilo fosse só uma implicância infantil da filha (e teria muitas provas e argumentações para mostrar isso) ou poderia ter feito o que fez: usar um fato comum no jogo mãe-filha durante a adolescência como desencadeador de uma profunda mudança.

Ensinar e aprender

Muitas coisas nós podemos aprender com nossos filhos, se estivermos atentos. É sempre uma aprendizagem de mão dupla: enquanto se aprende, ensina-se; enquanto se ensina, aprende-se. Tudo o que a criança precisa aprender nós, certamente, também precisamos; se já sabemos, podemos melhorar. Ao se pensar sob esse ângulo, muitas possibilidades de aprendizagem vão surgindo.

Respeitar os impulsos e ensinar a domá-los

Se meu filho não consegue conter seus impulsos, de medo, de rebeldia, de agressividade ou outro qualquer, e eu quero também aprender com esse ensinamento, posso começar respeitando a existência desses impulsos. Respeitar é saber que é algo do meu filho, sem ser, ***a priori***, nem bom nem mau, que pode me ensinar coisas sobre meu filho, sobre a sua visão de mundo, sobre suas dificuldades. Para ensinar meu filho a domar seus impulsos, tenho que treinar isso comigo antes, para poder acompanhá-lo nas várias tentativas, nas várias hipóteses e nas várias recaídas.

Um adolescente que atendi, por questões ligadas a drogas e mau comportamento, contava-me como se sentia excluído daquela família por não conseguir controlar seus ataques de raiva. Ele salientou como esses ataques transformaram-se em fúria todas as vezes que ele sentia o impulso e os pais reagiam como se fosse um monstro; sem nunca pararem para saber se os motivos existiam ou não, se ele tinha ou não razão concreta para estar se sentindo aviltado. Quando lhe perguntei o que ele fantasiava sobre alguma atitude diferente que seus pais poderiam ter tomado, ele, para sua própria surpresa, disse: "Nada muito complicado. Só saberem que os impulsos faziam parte de mim, que eu era assim. Ser compreendido me deixaria menos assustado, eu estaria em companhia, faria parte."

Ensinar a abrir mão

É o desprendimento de ideias, de verdades, de razões, de bens. Sempre que um membro de uma família queixa-se que alguém é mesquinho, é teimoso ou birrento, abro essa questão para poder avaliar de que forma eles são presos às suas ideias, aos seus bens e pertences, às suas verdades.

Um casal consumiu algumas horas provando para mim a impossibilidade de corrigir seu filho de quatro anos, que não aceitava dividir seus brinquedos, seu espaço, seu lanche. Isso os estava deixando desesperados, pois achavam que compartilhar e abrir mão eram valores importantes para a convivência social e profissional. Quando lhes perguntei do que eles não abriam mão em hipótese alguma, foram rápidos em dizer que não tinham disponibilidade alguma em mudar seus valores e verdades. Tiveram alguma dificuldade em fazer a ligação entre seu padrão de apego às ideias e verdades e o apego do filho aos seus pertences e espaço. Após certa relutância, propuseram-se a flexibilizar sua forma de apego para facilitar a aprendizagem que queriam desenvolver no filho.

Lidar com a crítica

Ensinar que a crítica não é o fim do mundo. Ensinar a fazer críticas amorosas e construtivas; ensinar que, na maioria das vezes, a crítica não é pessoal, mas sim ao que a pessoa representa; ensinar a enxergar que a crítica aparece em função do momento que o crítico está vivendo; ensinar a aceitar e a refletir com as críticas recebidas.

Um pai, que durante toda sua vida profissional havia se orgulhado da sua capacidade de fazer críticas construtivas e tão afiadas que sempre deixava o criticado sem saída e sem álibis, contou-me sobre o seu desespero quando seus filhos também ficaram hábeis nesse tipo de estratégia. Ele ficava preso entre: ser ditador e usar argumentos mais pesados, criticá-los por fazer o que ele sempre fez, deprimir, fazer sintomas. Ele conseguiu refletir e, a partir da sua mudança de ótica, abrir espaços para discussões e reformulações com seus filhos e sua mulher.

Cuidar com os excessos

Os excessos sufocam. Tiram a possibilidade da visão à longa distância, do planejamento. Eu conversava com um jovem de 18 anos sobre a importância de ele aprender a reagir aos eventos de forma coerente, com a mesma energia que o evento despertava e com outros argumentos racionais. Ele, então, perguntou-me como fazer isso se vivia numa família em que aconteciam coisas completamente exageradas, como o fato de seus pais arrancarem a porta do seu quarto numa situação (ele chegou em casa, os pais questionaram sobre coisas, ele entrou no quarto e bateu a porta).

Egoísmo

É importante discriminar o que é egoísmo e o que é autocuidado, autorregulação. Treino de autoestima, treino de competência.

Uma mãe dizia que não conseguia ter clareza sobre quando seus filhos estavam lutando por seus direitos (explicitando seus desejos, treinando convencer os outros das suas opiniões) e quando os seus comportamentos eram de egoísmo, falta de compreensão, falta de bondade ou de limites. Ela fora educada sabendo que criança recebia o que os pais quisessem dar, que os pais eram sempre os primeiros a serem servidos, que o melhor bife sempre era para o pai, e uma série de outros preceitos organizadores. Ela sabia que essa definição rígida tinha lhe impedido de treinar alguns comportamentos importantes num mundo de competição, de valores mutantes e variados.

Hoje, quando ela via os filhos brigando pelo melhor bife, porque todos tinham a certeza que ele deveria ser seu; quando eles convidavam alguém para seu aniversário e já pediam o presente que queriam ganhar; quando diziam que iriam varrer o canil, mas queriam receber em dinheiro por isso; ela perdia o discernimento. Uma das aprendizagens importantes que essa família fez foi ter um horário semanal para discutir as situações ocorridas e que eram ligadas a valores, posições e desejos opostos. Conseguiram, em muitas situações, definir o que era egoísmo, bondade; o que era importante para a família deles, independente de ser a regra externa ou das famílias de origem dos pais.

Tenacidade

É importante discriminar quando é tenacidade, determinação e foco de quando é teimosia, falta de avaliação da realidade. *Uma mãe não perdia uma oportunidade de elogiar o filho por ser persistente e não desistir dos seus objetivos. O que eu via, porém, era uma criança obstinada, que teimava, insistia, expunha-se a riscos sem avaliar competência e possibilidade reais. Nesse caso, a mãe era uma pessoa que desistia muito fácil dos seus desejos; então, estimulou seu filho a fazer o oposto.*

Viver no presente

O presente é só o que existe. Aprender a viver e usufruir cada momento possibilita reter as aprendizagens, valorizar o passado e vislumbrar o futuro. Isso ajuda a criar responsabilidade pelos projetos e sua concretização. *Um pai sentia-se desqualificado, pois pensava muito no futuro da família, no bem deles e era criticado sempre, por todos. Aos poucos, ele foi discriminando que planejar o futuro, organizar as tarefas, prever dificuldades não era incompatível com aproveitar os bons momentos, curtir coisas que dessem prazer, desenvolver novas atividades.*

Bondade sem ingenuidade

Os filhos precisam aprender até que ponto vão a bondade, a compaixão, o bom coração e onde começam a ingenuidade, a depositação e os álibis. *Uma família que tinha dificuldades em aceitar a bondade e ingenuidade do pai e de um dos filhos começou a discriminar essas diferenças e ressignificar cada ato, refletindo junto sobre qual era a intenção, qual foi a consequência, como poderia saber disso antes do evento, como cada um poderia ajudar e ser ajudado pelos outros. A separação entre uma avaliação e outra era tênue, e eles foram desenvolvendo sua própria forma de avaliar.*

Como as coisas passam

Nem sempre é fácil explicar para os pais como as coisas podem ser e são passadas para os filhos. A maioria deles diz: "Eu nunca disse isso a eles."; "Nunca mostrei minha opinião." ou frases do gênero. Na verdade, o que é passado para os filhos nem sempre segue o caminho do racional, do explícito, do consciente.

Passando pela emoção

Desde que os filhos nascem, eles estão sob a influência dos nossos pensamentos, das nossas emoções, de tudo que temos consciência, mas também do que não temos consciência. Esses componentes passam para os filhos através do que é dito e através do que não é dito, do que é evitado, do que é escondido. A **forma** como as pessoas fazem e dizem é tão ou mais importante do que os conteúdos que são explicitados. O que se grava é a emoção do momento.

Um rapaz contou-me que ficava desnorteado sempre que esquecia alguma coisa, por mais simples que fosse, pois recordava seus dias de pré-escola em que esquecia de trocar as pantufas caseiras pelo sapato, esquecia a lancheira ou a pasta com as lições do dia. Na maioria das vezes, ele não dizia nada, não contava que tinha esquecido e pagava o preço de passar a tarde toda de pantufa ou receber castigos por não trazer o que devia. Era mais fácil ser criticado, ou ouvir as reclamações, do que viver a cena da mãe com a cara feia e batendo no volante do carro de raiva porque ele tinha, novamente, esquecido suas coisas. Isso era insuportável!

Passando pelo não dito

Uma mãe dizia-me que não entendia porque os filhos tinham medo dela, pois sempre aceitara tudo deles. Eu pedi que ela me mostrasse como fazia quando eles lhe desagradavam. Ela começou a colocar no corpo a emoção de quando se sentia desobedecida ou impotente com relação aos filhos. Eu fui enxergando os olhos sorrindo, mas uma dureza na boca, com os dentes cerrados, que realmente assustava.

Pedi que os filhos viessem, e conversamos sobre como eles se sentiam, o que eles viam quando sua mãe ficava brava. Apesar de eles dizerem que não sabiam o que os assustava, foram, aos poucos, fazendo ligações com a expressão que ficava na boca da sua mãe, enquanto ela ia demonstrando como se percebia quando ficava irada. Os dois filhos, imediatamente, lembraram do pânico que sentiam da raiva da mãe: não era da raiva expressa, mas sim da raiva e destruição que a boca contida sinalizava. O medo não era do que ela fazia, mas do que poderia acontecer se ela soltasse o que prendia na sua contenção de raiva.

Ser para poder passar

Os pais que querem o bem do seu filho só o conseguirão se buscarem e encontrarem o seu próprio bem. Felicidade, alegria, tristeza, frustração de um pai passam para os filhos pelo comportamento, pela energia, pela fala, pela expressão, e isso cala mais fundo do que todos os conselhos, explicações, ensinamentos e exigências que se façam.

Sempre me chamou a atenção o aviso das aeromoças no início de cada vôo: em caso de acidente, primeiro ponha a máscara de oxigênio em você e depois nas crianças que estiverem lhe acompanhando. Compreendo a questão técnica e fico pensando na metáfora. Só um adulto bem cuidado, protegido e salvo poderá cuidar de uma criança, protegê-la, salvá-la.

O olhar

O olhar é o primeiro, o maior e o melhor meio de comunicação e de passagem de informação entre os pais e as crianças. Os terapeutas de influência reichiana reconhecem essa importância e precocidade, definindo que a primeira fase de desenvolvimento do caráter e da personalidade se chama Fase Ocular e inicia-se no exato momento do nascimento, na primeira sensação ocular que o bebê tem. Não estamos falando em visão, mas em porta de entrada e registro de energias, emoções e relações.

Preferências

Uma velha senhora, que foi babá de muitas gerações de crianças, um dia em que conversávamos sobre como criar crianças saudáveis, disse-me que o que mais dificulta a felicidade das crianças é o jogo de preferências que os pais têm com relação aos filhos. Eu questionei muito isso, pois acredito que as preferências são inevitáveis e são uma forma importante de aprender a lidar com as questões de aceitação e de rejeição na vida.

Então, ela explicou-me que o que deixa marcas profundas não é a preferência por um filho ou outro, ou por uma característica ou outra, mas sim a falta de consciência que os pais têm desses seus sentimentos ou o esforço que fazem para esconder e encobrir o fato real. Ela conta que, quando os pais, ou um deles, têm consciência de que se sente melhor com um filho do que com o outro, de que gosta mais das características de um, e isso é instrumentado nas ações do dia a dia, passa a ser só mais um dado das questões e querelas familiares e ajuda as crianças a se defrontarem e a lidarem com diferenças, conflitos, rejeições e aceitações.

Num livro[6] que li, é relatado o exemplo de uma mãe que teve filhos gêmeos e, logo no nascimento, achou que um se parecia mais com ela e o outro mais com o marido. Essa avaliação precoce foi semente de uma diferença na maneira de ela tratar cada um dos meninos. A pesquisa que foi realizada com essa família é muito interessante, pois ilustra como, de forma sutil, a mãe conectava-se com o filho que achou semelhante a si e como se desconectava da comunicação, das necessidades, do olhar do filho que achava ser

6 GOLEMAN, D. **Inteligência emocional**. Rio de Janeiro: Objetiva, 1995. p. 112.

mais parecido com o pai. Essas sutilezas das relações familiares são inevitáveis, mas definem muitos dos comportamentos, das aptidões e dificuldades que os filhos desenvolvem.

Autoestima dos pais

O nível de autoestima dos pais é um fator crítico na criação dos filhos.

Pais com autoestima elevada possuem um senso profundo de seu valor e de sua capacidade; amam a vida; expressam todos os seus sentimentos e não têm medo de expressar suas convicções; têm relações íntimas com o outro; podem aceitar críticas construtivas; toleram frustrações; veem os erros e falhas como oportunidade para um aprendizado posterior. Também têm consciência de suas fraquezas, falhas e falta de conhecimento.

Pais com autoestima média têm sérias dúvidas e são bastante dependentes da aprovação dos outros com relação à aparência e ao sucesso para se sentirem valorizados. A insegurança os segue o tempo todo. Muitas vezes, padrões de controle e dominação ou de gentileza acompanham suas relações. Têm medo de erros e falhas e, raramente, sentem-se realizados na vida.

Pais com autoestima baixa têm um profundo senso de desvalorização e inutilidade. Podem ser altamente negligentes consigo mesmos e com os outros e são muito difíceis de agradar. Podem ser altamente agressivos ou altamente passivos; nas relações, podem ser muito possessivos ou rejeitadores.[7]

O nível de autoestima de uma pessoa, de quem é pai ou mãe, depende, basicamente, de como foi qualificado nas suas ações por seus pais, de como pode checar suas habilidades e competências reais, da vivência de ter pais com maior ou menor autoestima. Estamos, então, frente a um círculo vicioso. Na minha experiência clínica, quando os pais compreendem que a autoestima de seus filhos depende diretamente da sua própria autoestima, descobrem

---

[7] HUMPHREYS, T. **A família**. Ame-a e deixe-a. São Paulo: Ground, 2000. p. 24.

argumentos e razões para se trabalhar, antes de querer resolver as pendências dos seus filhos.

Ainda com relação à autoestima, acho muito rica uma proposta de como desenvolver autoestima nas crianças.[8] Existem algumas condições básicas que os filhos necessitam para ter autoestima.

A primeira condição é estar **fisicamente confortável**. A criança, no seu processo de diferenciação e desenvolvimento, introjeta as suas experiências como sendo ela mesma. Então, se não se sentir fisicamente confortável, ela introjeta a certeza de que não é alguém com bem-estar; portanto, não tem uma das condições básicas da autoestima e não terá disponibilidade para as outras aprendizagens.

A outra condição é **ter continuidade no relacionamento**. A criança precisa ter pessoas que permaneçam na sua redondeza, que repitam os atos relacionais com ela por um certo tempo, pois só assim pode entrar em contato com a existência e a previsibilidade de um "outro".

Pode, então, treinar a próxima condição que é **aprender a influenciar e prever as reações dos outros**. Tendo pessoas constantes na sua relação, ela vai gravando e aprendendo **o quê** nos seus atos desencadeia comportamentos únicos nas pessoas. Assim, treina o que deve fazer para desencadear o que deseja ou precisa dos outros. Com isso, ela começa a desenvolver sua potência relacional, que é um dos pilares da autoestima.

Uma outra condição indispensável é **aprender como estruturar o mundo.** Isso se aprende tendo um adulto que ensine, pela fala e pelo exemplo. Estruturar o mundo da criança é ter com ela horários, fluxos, regras e espaços definidos; é auxiliá-la a diferenciar e classificar não só seu mundo familiar, mas toda a família extensa, os sentimentos, os comportamentos, a comunidade, a cultura.

Para completar o processo, a criança precisa desenvolver **autoestima** em duas áreas: como uma **pessoa com domínio** e como uma **pessoa sexuada.**

---

8 SATIR, V. **Terapia do grupo familiar**. Rio de Janeiro: Francisco Alves, 1977. p. 79.

Uma pessoa **com domínio** pressupõe alguém que tem potência e competência, de acordo com a idade, e que tem espaço, relações e ações que mostram suas possibilidades; é alguém que pode resolver seus próprios problemas. Isso se aprende vendo os pais validarem seu crescimento e desenvolvimento.

Uma família que atendi há alguns anos, surpreendeu-me com uma rotina que tinha: as tarefas de casa, do dia a dia, eram distribuídas aos filhos como provas de etapas de crescimento vencidas. Por exemplo, aos seis anos, podiam juntar os jornais e revistas no final da tarde de domingo; aos oito, podiam retirar o lixo nos finais de semana; aos doze, podiam levar diariamente o lixo para a lixeira do prédio. Essas crianças achavam que tarefas eram um prêmio por terem crescido e sentiam-se valorizadas e qualificadas no seu processo. Seja como for, com comunicação verbal ou através de atitudes, se os pais validam o crescimento do filho, ele, na medida em que cresce e aprende, torna-se cada vez mais capaz de fazer um maior número de coisas e de cuidar de si mesmo.

Ter autoestima como uma **pessoa sexuada** pressupõe ter aprendido na relação com seus pais que ser do seu próprio sexo é importante, é bom, é valorizado. Isso depende da valorização e do respeito que cada um dos pais tem pela sua própria condição feminina ou masculina e da valorização e o do respeito que eles têm pelo seu parceiro ou sua parceira. Eles passam respeito e valorização para o filho não só por palavras, mas, principalmente, pelos atos e pela relação de casal que eles têm e mostram ter. Os filhos registram a forma como o pai e a mãe tratam um ao outro; como cada um trata a si mesmo; como tratam o filho como alguém do mesmo sexo do pai; como tratam a filha como alguém do mesmo sexo da mãe; como lhe dizem ou demonstram que deve tratar o outro. Conscientemente ou não, esses registros são feitos e definem a autoestima que uma pessoa tem como um ser sexuado.

O que se faz e o que se é

Outra questão simples, mas que causa grandes estragos, na autoestima dos filhos ou nas relações em geral, é queixar-se de algo que o outro **fez**, fazendo críticas ao que o outro **é**, ao seu ser total. Exemplificando, se um filho não arruma seu quarto, posso lhe dizer como isso me desagrada, como me sinto com a casa bagunçada, como vou lhe impor limites. Estarei atacando seu comportamento, não sua competência. Ao contrário, se lhe digo que ele é bagunceiro, que ele não arruma suas coisas porque é mau, porque sempre faz só o que me desagrada, estarei atacando-o como pessoa, e não só aquela característica ou comportamento.

Os pais, de um modo geral, ao lidarem com as questões emocionais dos seus filhos, referem-se ao que enxergam, ao que têm consciência de que está acontecendo, ao que sentem. No entanto, há muito mais por trás daquilo que se vê. Podemos fazer uma analogia simplista entre uma cebola e nossos níveis de consciência. A cebola é composta por muitas camadas superpostas, das quais só vemos uma ou duas mais externas. É para estas camadas que se aponta quando se procura justificar o que acontece. Se os pais estiverem disponíveis, podem aprofundar seu olhar pelas outras camadas e ampliar seu nível de consciência, enxergando outras motivações, outras razões, outros desencadeantes para seus atos e sentimentos.

Uma criança, por exemplo, pode ter sido educada para ser o porta-voz da agressividade familiar, o que significa ser a pessoa que vai atuar a agressividade da família de forma que os outros não precisem fazê-lo. Essa passa a ser uma função para a qual ela é continuamente reforçada desde que nasce, e isso é feito através de múltiplas mensagens, tais como: rótulos (é agressiva, explosiva, mal humorada, diz o que entende, pouco se importa com os outros) da desconsideração referente a atributos opostos (o que é que houve para estar tão calminha hoje?), da falta de percepção referente a atitudes que contradizem a rotulação anterior, a atitudes-sinal, àquelas de caráter provocativo, que a levam a exercer suas funções, em favor do grupo.

Ainda sobre **como as coisas passam**, vale lembrar que todo comportamento comunica alguma coisa. Não são necessárias palavras para demonstrar o que se quer. Um exemplo é uma pessoa com necessidade permanente de ser aprovada e lisonjeada; pode não dizer absolutamente nada a esse respeito, mas se comporta de tal forma que induz os outros a lhe fornecer suprimentos dos quais necessita. Suas atitudes levam a respostas tais como: submissão, bajulação, aparente subserviência, irritação, má vontade, imposição de castigos, abandono.

Crueza ou crueldade

Uma linda menininha perguntou para o pai, no meio do almoço de domingo, com toda a família reunida, por que o seu pai tinha casado com sua mãe. Ele, meio no susto, meio sem saber o que fazer, respondeu que era porque a mãe era bonitinha. A encantadora diabinha fechou a questão: "Não era não, eu vi as fotos".

Isso foi crueldade? Ou foi crueza? Ou só um dado de realidade? Ou sinceridade da criança? Freud poderia explicar como uma prova do Complexo de Édipo; poderíamos pesquisar ainda mais e encontrar muitas e variadas explicações.

Quando me deparo com essas situações, (*a filha que pintou "eu te odeio" em letras pretas na camiseta do pai; a menina que contou para a professora que a mãe soltava "puns" pela casa; o filho que disse que era mentira do pai o que este estava dizendo para a vendedora*), lembro sempre que, se uma pessoa, pai ou mãe, depende de amor e respeito do filho para ter sua autoestima aumentada, vai correr sérios riscos ou colocar o filho em risco!

Muitas vezes, digo que os filhos vêm ao mundo para colocar os pais nas situações que lhes são mais difíceis e dolorosas; só assim, eles podem aprender, aprimorar e ir adiante no seu processo de desenvolvimento. Porém, tenho clareza, alguns filhos ultrapassam o limite da compaixão!

É importante discriminar quando podemos fazer bom uso do que o filho disse ou fez; quando ele está precisando de limites ou orientação; quando é só deixar passar.

É comum vermos pessoas que têm uma autoestima reduzida e fazem escolha de cônjuge para se sentirem mais importantes, mais potentes ou mais amadas. Quando essa estratégia não dá certo (é impossível alguém se sentir melhor com o que o outro é ou tem) e falha a artimanha, elas acabam delegando para o filho a tarefa de aumentar sua própria autoestima: exigindo que ele represente seu valor perante a sociedade, a família, a comunidade; provando que as ama, como pai ou mãe ou como uma extensão do seu próprio ***self***; fazendo o que elas não conseguiram fazer.

Uma mãe, minha cliente, chegou muito mal na sessão, relatando que, na noite anterior, sua filha acordou gritando que a bruxa queria pegá-la; quando ela entrou no quarto, a criança berrava, esperneava e falava coisas horrorosas da tal bruxa. Ela, mãe zelosa, queria pegá-la no colo e outros comportamentos, mas a filha, ao invés de se acalmar, reagiu como se a mãe fosse a bruxa. Só a força física do pai segurou e acalmou a filha, que dormiu novamente e acordou tranquila no outro dia.

A dor da minha cliente era de que a filha a achava uma bruxa; ela relatou como passou a manhã toda tentando controlar seus impulsos de cobrar carinhos da filha ou culpá-la por ser tão ingrata e chamar sua mãe de bruxa. Por outro lado, achava que a filha tinha razão, ela não era lá essas coisas como mãe. Assim, entrava numa emoção de culpa e impotência. Foi difícil e longo trabalhar com ela suas questões de autoestima, de separação entre realidade e fantasia. Ela não tinha aprendido isso com seus pais, principalmente com sua mãe. Tinha depositado na filha todas as suas fichas para provar que ela era amada, valia alguma coisa; agora, a filha lhe mostrava a realidade dura e crua.

Ciclos vitais

Atualmente, falar sobre Ciclos Vitais, sobre Ciclos de Desenvolvimento, é correr o risco de, ao terminar de escrever, perceber que as coisas importantes que foram escritas já mudaram!

Vivemos um momento em que as verdades, os parâmetros alteram-se mais rápido do que podemos organizar nossa assimilação a respeito deles. Portanto, só tem validade falarmos sobre ciclos vitais se levarmos em conta o contexto de espaço e tempo circunstanciado a que nos referimos.

Ainda não existe um estudo completo sobre os Ciclos Vitais Familiares Brasileiros, mas vários autores já estão estudando esse assunto.[9] Ao pensarmos nesse tema, baseamo-nos no que já está estudado e escrito, na prática clínica e no bom senso.

A definição de idade e de normalidade de cada fase é a primeira que balança e é constantemente redefinida. Hoje, tudo está acontecendo mais cedo, pela necessidade, pela globalização, pela rapidez de informação, pelos hormônios e "venenos" que ingerimos com os alimentos, com a água e com o ar.

Duas ideias são importantes quando falamos em ciclos vitais. Uma delas é de que cada um deles traz uma aprendizagem específica, algo que precisa ser conquistado ou algo que precisa ser deixado de lado. Essa compreensão leva-nos a ver a entrada e a saída nas fases de desenvolvimento realmente como etapas de aprendizagens,

---

9 CERVENY, C. M. O.; BERTHOUD, C. M. E. **Visitando a família ao longo do ciclo vital**. São Paulo: Casa do Psicólogo, 2002.

como níveis a serem alcançados. A outra ideia é de que as famílias estão em constante transformação, por suas características e porque sempre teremos pessoas em fases diferentes; portanto, a família é o espaço especial para as aprendizagens necessárias em cada etapa.

Quando penso em ciclos vitais, sempre acoplo, ao que acontece na fase, a compreensão do que as pessoas envolvidas precisam aprender. Essa forma de olhar ajuda a, partindo do que é comum, adaptar a cada família e indivíduo de acordo com suas vivências e situações peculiares, ajudando-os na realização das aprendizagens e acomodações necessárias, de modo mais funcional.

Costumo dividir os ciclos vitais em previsíveis e especiais. Os previsíveis são os que todas as famílias podem passar; os especiais são aqueles que ocorrem ou não numa família, trazendo crises, reformas e reformulações.

Os ciclos vitais **previsíveis** começam com o nascimento e terminam com a morte.

Nascer

O principal acontecimento é o corte energético que ocorre entre o sistema mãe e o sistema filho. Muito se tem falado sobre isso, e já existe certeza sobre a importância desse fato e de como se pode melhorar ou piorar tal ruptura.

A aprendizagem, nesse momento, é manter, o mais possível, essa condição energética, facilitando o contato da mãe com o bebê. Assim, eles podem retomar a ligação afetiva energética, não mais uma dentro da outra, mas as duas próximas e interligadas. Muitas formas existem para facilitar essa mudança; vai depender da disponibilidade e das crenças da equipe e das pessoas envolvidas no processo. Pode-se manter o bebê junto à mãe, sem ir para o berçário; pode-se aguardar que o bebê já esteja respirando por seus próprios pulmões e só cortar o cordão umbilical depois que parar de pulsar; pode-se, imediatamente após o nascimento, colocar o bebê no seio da mãe; pode-se evitar visitas e interferências nos primeiros dias; entre muitas outras estratégias.[10]

Andar

A metáfora do andar é ficar firme sobre suas próprias pernas, "ficar nas suas pernas" significa ser independente, poder ir e vir. Ao se preparar para andar, a criança passará por fases (arrastar-se, engatinhar, sentar, firmar-se) que são importantes, metafórica e fisicamente falando, para poder andar plenamente. Apressar, pular fases, retardar o andar trarão marcas diferentes no andar definitivo. O desenvolvimento do andar pode ser visto como uma metáfora do funcionamento e do aspecto emocional da família e do indivíduo.

Uma criança com prontidão motora, física e neurológica para andar, e que só o fez meses após a idade esperada, levou-me a encontrar um pai muito cuidadoso com a segurança e os riscos que sua filhinha corria; sempre que a deixava sentada, cobria todo o chão em volta com almofadas. A forma como ela vai dar "seus passos no mundo" será, de alguma forma, afetada por tais experiências. Ao mesmo tempo em que andar traz independência e ganhos, traz também a outra face, que nos levará a lidar com a solidão, com as escolhas, com os riscos que o andar e a independência trazem.

Falar

É fazer parte. Por meio da comunicação, especialmente da fala articulada e compreensível, a criança assume um espaço naquele sistema familiar e social. A partir disso, adquire direitos de estar ali, de tomar parte, de se expressar, de ser alguém que marca presença. Forçar para que isso ocorra é tão disfuncional quanto manter a criança balbuciando, com todos os familiares "compreendendo" seus grunhidos.

Falar é a expressão efetiva da comunicação com os outros; por essa razão, é um elemento definidor de pertencimentos familiares

[10] Ver **Lidando com a emoção**, p. 75.

e externos à família. Quando a criança passa a falar de forma inteligível, adquire um espaço dentro do sistema familiar, marcando sua presença e atuação; passa a fazer parte. O hábito que muitas famílias têm de criar uma linguagem específica para a criança, ou de entender tudo que ela quer dizer sem que precise falar a linguagem corrente, atrapalha a sua inserção no mundo real, social e cultural. Esse comportamento já foi, muitas vezes, apontado como um dos responsáveis pelas dificuldades escolares e de alfabetização de algumas crianças.

Nascimento de irmãos

A primeira coisa que se relaciona com a vinda de um irmão é a lista de perdas que a criança terá. Isso é real, doloroso e importante para o seu amadurecimento. Poupá-la dessa vivência não a ajuda a lidar com os sentimentos mais importantes das relações humanas (raiva, medo, alegria, angústia, pesar) e com as situações acompanhantes (vingança, proteção, ataque, defesa, previsão, preparação). Esses são alguns dos itens que a vinda de um irmão desencadeia e com os quais ensina a lidar. O subsistema fraternal é o primeiro laboratório social; portanto, é muito importante na aprendizagem de ser humano e social. A família precisa aprender a colocar em marcha reorganizações necessárias e possibilitar que o subsistema fraternal desenvolva-se e possa desempenhar as funções inerentes.[11]

Uma menina, de uma família que atendi, lembra-se de que, quando sua irmã nasceu (tinha cinco anos na época), ela viveu sentimentos contraditórios e desorganizadores: desejo de cuidar do bebê; curiosidade em saber como era e impulso de tirar suas roupas, de mexer no seu corpinho; raiva por ter de ficar quieta quando o bebê estava para dormir; solidão pelos momentos que não tinha a mãe como antes; orgulho ao mostrar a irmã para amiguinhas e parentes; entre outros.

No entanto, mais importante do que essas lembranças foi a aprendizagem que ela teve com a forma como os pais lidaram com seus ciúmes

---

[11] Ver **Espaço familiar**, Subsistema fraternal, p. 70.

e suas alegrias: mostraram que essa ambivalência era natural, que ela era uma pessoa normal por querer e não querer a irmã, por gostar e não gostar da situação. A forma como eles fizeram essas marcações ajudou a filha a não se sentir só culpada, só má, só injustiçada, mas auxiliou-a a se preparar para as ambiguidades e ambivalências da *vida.*

Ir à escola

A etapa de ida à escola é a inserção da criança e dos pais no mundo social, sem poderem se esconder.

A criança não tem como evitar a solidão, o medo, o desconhecido. Isso vai ocorrer, é inevitável; será a primeira vez que ela terá de contar com seus próprios instrumentos ou terá de aprender a pedir ajuda a pessoas estranhas, sem ter garantia de serem confiáveis. Se ela aprender a confiar em si e a confiar nos outros, levará essa aprendizagem para todos os setores futuros da sua vida.

Para os pais, a ida do filho para a escola é o momento de mostrar o que fizeram com seu filho e aguardar a avaliação e o veredicto do social. Não têm como evitar isso. É claro que podem inventar álibis e histórias; porém, dentro de si, a maioria dos pais sabe que, através do comportamento e da competência dos seus filhos na escola, eles estarão sendo julgados. Isso é horrível, pois traz à tona inseguranças, culpas, dúvidas e angústias. Os riscos reais que a criança corre dependem da avaliação que os pais fizeram da escola. Depende, também, de que o pai e a mãe lidem com os dados de realidade, integrando-os com seus sentimentos e intuições.

Uma mãe que estava definindo a primeira escola para sua filha, meio envergonhada, contou-me que tinha ido visitar seis escolinhas para ver as condições físicas, a cara das atendentes, os brinquedos existentes no pátio de recreação, os banheiros e tudo mais. Sentia-se uma mãe inadequada, pois recebera muitas críticas, de conhecidos, pelo fato de que não estava muito interessada nos métodos pedagógicos, mas na segurança e condições que a filha teria na escola. Ela argumentava que o método teórico, de fato, preocupava-lhe menos do que a condição do colo que a moça que lavava a mão das crianças poderia dar. Ela tinha certeza de sua crença, ela tinha certeza que isso era importante para sua filha de três anos, que iria sair de um ambiente caseiro, todo organizado para seu bem-estar e segurança, e que iria, pela primeira vez e tão precocemente, precisar se cuidar. Ela ficava insegura todas as vezes que contava isso para alguém, pois se sentia avaliada e criticada na forma como era mãe, cuidava da filha, organizava a vida dela.

Enquanto eu ouvia a queixa dolorida dessa mãe, lembrei de um comentário crítico e maldoso que ouvira, uns dias antes, sobre uma mãe de uma menina de três anos; ela dissera que mais importante do que uma professora amorosa, no maternal, era a proposta pedagógica da escola, pois isso seria definitivo para o futuro da filha, por ser a primeira semente de cultura e valores.

Alfabetização

A entrada no mundo cultural se dá quando a criança começa a ler e escrever. Por mais que ela receba essa cultura (histórias, leituras, brincadeiras, relatos) através dos pais e avós – e isso sempre é muito importante e ajuda a inserção da criança –, ela passa a ser um sujeito que atua na cultura, escrevendo, lendo, criticando o lido e escrito. A tarefa dos pais é qualificar toda produção da criança, participando do seu crescimento cultural e artístico.

A mãe de um garoto de quatro anos não se conformava com a inabilidade do filho em se apresentar na festinha de final de ano da escola. Ela conteve-se o quanto pode; porém, após algumas horas, soltou um "Filhinho, por que você não fazia o mesmo movimento que os outros meninos faziam quando dançavam?" Então, o menino disse, calmamente: "Nós éramos caminhões dançando, e eu não gosto de ser um caminhão igual aos outros caminhões; eu era um caminhão muito maior que os outros; a cada vez, eu invento uma dança diferente. É errado, mamãe?"

Pré-adolescência

É uma fase muito difícil, talvez a mais difícil, pois é a fase do "não ser". Não é adulto, não é criança; nem adolescente é! Não entende o que está acontecendo no seu corpo, na sua alma, na sua vida.

Faz todos os esforços para ser um adolescente, mas não consegue deixar de reagir como uma criança. Ou seja, é a época do limbo! Eu disse uma vez que essa é a época dos pais treinarem o amor incondicional. É claro, todos os pais que ouviram o que eu disse e que estavam nessa fase, com filhos pré-adolescentes, colocaram que isso era impossível! Como amar incondicionalmente o mau humor, a indecisão, o quer/não quer, as inadequações, as agressões? Está bem, mas pelo menos compaixão e compreensão. Isso se consegue, muitas vezes, lembrando da sua própria história; compartilhando com outros pais as emoções desencadeadas (e não só o incômodo e as reclamações); buscando experiências mais prazerosas no espaço do casal fora da família.

Na minha experiência de mãe, a fase mais difícil foi a fase de pré-adolescência dos meus filhos. Foi a época em que mais desafios eu vivi, mais dúvidas eu tive e, em paralelo, mais eu aprimorei e venci minhas próprias dificuldades e limitações.

Adolescência

No trabalho com adolescentes e suas famílias, digo que a adolescência é a fase de definir que tipo de adulto ele quer ser. Acredito, também, que um adolescente funcional deve estudar e/ou trabalhar, ter uma turma, ter vida afetiva (e/ou sexual), ter responsabilidades nas tarefas de casa. Essa percepção não significa que a adolescência é uma fase fácil. A mesma crise de identidade da pré-adolescência se mantém; em algumas circunstâncias, piora.

Não é adulto (mesmo que exigido em algumas tarefas e resultados); não é criança (mesmo que mantido na "cozinha com as crianças" nas horas importantes); não tem vida sexual permitida (mesmo estando com sua energia de sexualidade a mil por hora); não é bonito nem feio (mesmo que seja ou possa ser, não mantém o que enxerga); não é capaz nem incapaz (pode, sabe, quer muito, mas nem sempre acredita que e no que sabe, pode ou quer).

Aos pais, cabe a aprendizagem de desenvolver sentimentos e comportamentos de respeito e compartilhamento. Eu, como terapeuta, tenho sempre muita compaixão pelos pais nesta fase, pois nada do que eles façam estará correto, terá a aprovação dos filhos ou garantirá que os filhos passarão pela fase e transformar-se-ão em adultos funcionais.

Minha forma de trabalho com os adolescentes e suas famílias é um pouco diferente do que comumente se faz.[12] Tenho alguns pressupostos que norteiam minhas ideias sobre esse trabalho, citados a seguir.

a) Adolescentes funcionais:

- estudam e/ou trabalham;
- têm amigos;
- têm vida afetiva e/ou sexual;
- têm responsabilidades e tarefas em casa.

b) Pais funcionais:

- têm responsabilidade e direito para exercer autoridade e limites.

c) Foco e tarefa da terapia do adolescente:

- apesar de e com erros, acertos, limites e exigências dos pais, o filho deve desenvolver e desempenhar as quatro funções (primeiro pressuposto) e definir que tipo de adulto quer e vai ser.

d) Foco e tarefa da terapia dos pais:

- aceitar autonomia, privacidade e limites dos filhos;
- exercer suas regras sem culpa, mas com clareza e responsabilidade;
- lidar com seus aspectos, de casal e individual, que surgem ou dificultam o processo do filho.

Essa é a forma que, no momento, direciona meu trabalho com adolescentes. É baseada na minha proposta básica de que a tarefa do terapeuta é auxiliar seus clientes a terem mais consciência

---

[12] ROSSET, S. M. **Trabalhando adolescentes e suas famílias no processo de desenvolvimento de autonomia**. Trabalho apresentado em Mesa Redonda, no 5. Congresso Brasileiro de Terapia Familiar, Salvador, ago. 2002.

dos seus padrões de funcionamento, para poderem desenvolver as aprendizagens necessárias e, assim, estarem aptos a realizar as mudanças pertinentes.

Adulto jovem

É a fase de checar e desenvolver a competência: no estudo, no trabalho, nos namoros e relacionamentos. É a fase de treinar e pôr em prática na sua vida tudo que aprendeu até então: pertencimento, intimidade, limites, responsabilidades, expressão.

A mãe de um jovem universitário relatava-me como ela encantava-se enquanto observava a forma como seu filho treinava, na faculdade, nos relacionamentos de amizade e afetivos, as aprendizagens que desenvolvera no seio da família e nos anos de adolescência. Ela enxergava como ele ia definindo o que ficava como valor e forma de ser e o que mudava a partir das relações, dos acertos, dos erros, das dores, dos sofrimentos, das alegrias e dos prazeres. Ela orgulhava-se, mas também se entristecia. Ela via o filho com aspectos que não aprovava, que não eram como ensinara, mas podia refletir sobre suas escolhas, sobre sua forma de ser e se relacionar.

Adulto

É a fase de treinar e desenvolver autonomia. Autonomia não é meramente ter independência, mas ter a certeza de que pode se organizar sozinho, que sabe das suas competências e impotências, que tem clareza da sua capacidade e potência real. Também é a certeza de que sabe pedir, depender, aceitar o outro, receber ajuda, carinho e tudo o que lhe enriquecer ou fizer falta.

Saída de casa

As tarefas dessa etapa são: aceitação da responsabilidade emocional e financeira pelo eu; diferenciação do eu em relação à família de origem; desenvolvimento de relacionamentos íntimos com adultos iguais.

É a fase de separar-se, para depois poder pertencer e juntar-se. Sair do conhecido, do protegido, e passar a ser sozinho, individual, são situações básicas que preparam para escolher parceiros e desenvolver uma vida em conjunto. Atualmente, a permanência na casa dos pais tem se estendido. É importante avaliar cada caso, vendo o que cada situação (ficar ou sair) traz de aprendizagens para cada um dos envolvidos. Cada caso aponta para o que está por trás da dificuldade de sair ou do desejo de ficar.

Um casal que eu atendia trouxe uma discussão sobre seu filho que acabara de sair de casa. Eles tinham dúvidas se deveriam permitir e estimular que seu filho trouxesse as roupas sujas para lavar na casa dos pais, se ele deveria continuar tendo a chave da casa, se ele poderia dormir lá quando quisesse. Acompanhei-os nessas discussões, e eles puderam discutir isso com o filho, de forma que sair de casa fosse um sinal de crescimento e diferenciação do filho, e não um rompimento e corte de cuidados e afetos.

Casamento

É o comprometimento com um novo sistema. Na formação do sistema conjugal, há um realinhamento dos relacionamentos com as famílias ampliadas e os amigos para incluir o cônjuge. Se as fases anteriores tiverem sido bem aproveitadas, o casal poderá exercer sua conjugalidade, desempenhando as funções básicas do subsistema conjugal.[13] No meu trabalho como terapeuta de casais, lembro a eles que o espaço do casamento é aquele em que aparecem o melhor e o pior de cada pessoa. A grande aprendizagem é treinar para neutralizar os aspectos negativos e usufruir os aspectos positivos.

Nascimento dos filhos

O dilema maior dessa fase é aceitar funcionalmente novos membros no sistema. Pressupõe ajustar o sistema conjugal para criar espaço para o(s) filho(s); unir-se nas tarefas de sua educação; nas

---

[13] Ver **Espaço familiar**, Subsistema conjugal, p. 69.

tarefas financeiras e domésticas; realinhar os relacionamentos com a família ampliada para incluir os papéis de pais e avós.

Uma avó relatou como foi difícil para ela adaptar-se à situação de dividir a atenção da sua filha com a pequenina neta que acabara de nascer. Ela tinha trabalhado muito para desenvolver uma boa relação com sua filha, e tinham conseguido ser amigas, trocar confidências, ajudar-se, fazer programas em conjunto. Ela sentia-se uma vencedora, pois a relação com a filha tinha saído das dificuldades inerentes à relação mãe-filha e tinha se tornado uma profunda relação de duas mulheres. Então, nasce aquela linda menininha.

Não perder a relação tão importante com a filha, mas juntá-la com o encanto que sentiu pela neta, sem ficar presa na confusão, só foi possível porque foi treinando seu novo papel de avó, de mãe de uma moça que tinha filhos, e outros tantos que foram surgindo, atenta às suas emoções, sem se culpar, mas compreendendo e transformando. E chorando vez ou outra!

Famílias com adolescentes

Aumentar a flexibilidade das fronteiras familiares para incluir a independência dos filhos e as fragilidades dos avós talvez seja a tarefa mais difícil dessa fase; provavelmente, seja também a mais importante. É preciso modificar os relacionamentos progenitores-filhos para permitir ao adolescente movimentar-se para dentro e para fora do sistema, desenvolver novos focos nas questões conjugais e profissionais do meio da vida e começar as mudanças no sentido de cuidar da geração mais velha.

Um casal de amigos meus contou-me como conseguiu sobreviver às dificuldades da adolescência dos filhos. Eles acreditam que só passaram com louvor esse tempo porque conseguiram resgatar seus espaços de casal e individual. Cada um deles voltou a buscar atividades que haviam abandonado desde que tinham filhos pequenos ou descobriram novos interesses. Entretanto, o mais importante foi que eles, como casal, passaram a ter atividades novas, interesses novos e, assim, fortalecer sua relação, conseguindo se qualificar nessa fase de desafios e dúvidas.

Puderam lidar de forma mais compassiva e respeitosa com seus filhos, pois estavam bem e sentindo-se qualificados.

Lançando os filhos

O desafio maior é aceitar as várias saídas e entradas no sistema familiar. Isso acrescido da necessidade de renegociar o sistema conjugal como díade, desenvolver um relacionamento de adulto -para-adulto entre os filhos crescidos e seus pais, realinhar os relacionamentos para incluir parentes por afinidade e netos, além de lidar com incapacidades e morte dos avós.

Um homem que lidava com as dificuldades dessa fase dizia-me o quanto era doloroso sentir-se excluído e incompetente, não ser convidado para as festas que os filhos davam, não ter soluções para as dificuldades e os problemas que os filhos tinham. Por outro lado, lembrava-se de sua falta de jeito para tratar esses assuntos quando ele era o filho e seu pai é que estava nessa situação.

Meia idade

É a época de avaliação do já feito, com possibilidades de redefinições e reescolhas de opções antes realizadas. Ainda dá tempo para quase tudo que se queira! Todas as pessoas que acompanhei nessa fase e que conseguiram reorganizar seus projetos pessoais e/ou conjugais chegaram a uma qualidade de vida que nada tinha ver com ideias preconceituosas, tais como: nessa idade só o que resta é cuidar dos netos e esperar o fim.

Menopausa

Estritamente definida, a menopausa é o fim natural dos ciclos menstruais e o encerramento da vida reprodutiva de uma mulher. No entanto, é também uma passagem espiritual e psicológica de profundo significado. Os pressupostos familiares e culturais sobre o envelhecimento e a feminilidade podem atuar de modo a abrandar ou intensificar os sinais e sintomas físicos dessa etapa. A redefinição da identidade sexual e a incorporação da feminilidade, sem os riscos de gravidez e de alterações hormonais mensais, podem trazer novos movimentos de resgate de alegria e de energia.

A **menopausa masculina** é uma passagem geralmente não mencionada. Às vezes, chama-se andropausa ou viropausa[14], mas também traz ansiedades e sintomas; da mesma forma que a feminina, pode desencadear um movimento de renascimento e renovação de valores, projetos e identidade.

Atendi um casal cuja grande dificuldade era adequar as novidades que surgiam e as restrições da idade e da sociedade. O marido resolveu que iria fazer um implante de cabelos e pintá-los, além de comprar uma moto para pôr em prática seus sonhos de adolescência: correr o mundo em duas rodas. A esposa ficava paralisada entre sua avaliação de que aquilo estava muito esquisito e as brincadeiras das pessoas, dizendo que ela só estava enciumada ou invejosa.

Foi necessário um cauteloso e lento trabalho para que eles compreendessem que era possível atualizar sonhos, refazer o corpo e a aparência, reeditar projetos; porém, lembrando que não tinham 18 anos, eram adultos de meia-idade que podiam adaptar as fantasias da adolescência, mas sabendo que não eram adolescentes. Ao lidar com frustrações, vergonhas, desejos, medos, eles puderam escolher projetos individuais e conjuntos que lhes devolveram a alegria de viver, o entusiasmo de estarem ativos e produtivos, sem o risco de "adolescentarem".

Aposentadoria

É a fase da redefinição da identidade profissional e da competência. Possibilita a reorganização dos projetos de vida, a retomada de prazeres e objetivos adiados ou abandonados. Descobrir outros projetos e outras competências, que não profissionais, talvez seja o maior desafio dessa fase. Na nossa realidade, em que aposentadoria significa perda de ganhos, de dinheiro, são necessárias coragem e

---

[14] SHEEHY, G. **Novas passagens**: um roteiro para a vida inteira. Rio de Janeiro: Rocco, 1997. p. 305.

criatividade para não sucumbir às dificuldades e poder continuar reorganizando sua vida.

Velhice

O desafio é aceitar a mudança nos papéis geracionais. A família tem como tarefas manter o funcionamento e os interesses próprios e/ou do casal em face do declínio fisiológico; apoiar um papel mais central da geração do meio; abrir espaço no sistema para a sabedoria e experiência dos idosos, apoiando a geração mais velha sem superfuncionar por ela; lidar com a perda do cônjuge, irmãos e outros iguais; preparar-se para a própria morte. É o momento da revisão e integração da vida.

Uma variável dos dias atuais é que as pessoas estão vivendo muito mais do que antes. Isso altera toda a definição do que é velhice, quando é que se fica velho e outros conceitos que antes nos davam um "norte." Além de viverem mais, as pessoas estão envelhecendo cronologicamente, mas continuam ágeis e lúcidas e mantém sua autonomia. Há 20 anos, uma senhora que não pudesse ficar cuidando dos netos porque era hora da sua ginástica, ou da aula de língua estrangeira, seria criticada e tachada de "má avó". Hoje, isso é comum; exige-se de uma avó que vá se informar, que viaje, que se cuide.

Numa roda de conversa, ninguém se assustou quando uma senhora disse que, nas terças e quintas-feiras, não pode levar o bisneto para a natação porque são seus dias de ginástica localizada; ela não abre mão desse horário porque o professor é o melhor que ela já teve. Uma das boas definições de velhice que ouvi é: velho é a pessoa que tem mais 20 anos do que eu. É uma definição coerente com os nossos tempos.

Morte

A preparação inclui definições e redefinições espirituais e relacionais. A forma mais harmônica ou mais traumática de lidar com a morte depende de valores, crenças, hábitos de cada família. Em algumas famílias, a morte é um fato que existe; conversa-se sobre ele, compartilha-se e redefine-se em todo os ciclos da vida familiar. Dessa forma, quando a morte de um familiar chegar, eles terão formas mais eficientes de lidar com a perda, a dor e as outras questões ligadas. Principalmente, poderão compartilhar essas experiências e saberão como cada um deles está vivendo o momento, quais os sentimentos e emoções que estão circulando.

Os ciclos vitais **especiais** também trazem suas dificuldades, seus desafios e a possibilidade de grandes aprendizagens.

Divórcio

A primeira fase do divórcio é a decisão, que inclui a aceitação da incapacidade de solucionar as tensões conjugais de forma suficiente para manter o relacionamento e a aceitação da própria participação no fracasso do casamento.

A seguir, vem a etapa de planejar a separação do sistema. Inclui apoiar arranjos viáveis para todas as partes do sistema, resolver cooperativamente os problemas da custódia, manter a família unida apesar do divórcio.

Então, vem a separação de fato. Surgem dificuldades e tarefas de se dispor a continuar um relacionamento copaternal cooperativo e o sustento financeiro dos filhos. Isso tudo acrescido da necessidade de viver o luto pela perda da família intacta; de lutar para a reestruturação dos relacionamentos da díade progenitor-filhos e das finanças; da adaptação a viver separado, mas mantendo o parentesco com a família maior.

A etapa da concretização do divórcio possibilita maior elaboração do divórcio emocional: superação de mágoa, raiva, culpa; luto pela perda da família intacta; abandono das fantasias de reunião, permanecendo a conexão com as famílias ampliadas

A fase pós-separação de divórcio traz para o cônjuge que fica com a custódia dos filhos várias tarefas e aprendizagens: continuar com disposição para manter as responsabilidades financeiras; continuar o contato com o ex-cônjuge e apoiar o contato dos filhos com o ex-cônjuge e sua família; fazer arranjos flexíveis de visita com o ex-cônjuge e sua família; reconstruir os próprios recursos financeiros; reconstruir a própria rede social.

Para o cônjuge que não fica com a custódia dos filhos, as tarefas e aprendizagens são também importantes: continuar com disposição para manter o contato com o ex-cônjuge e apoiar o relacionamento dos filhos com o progenitor que tem a custódia; descobrir maneiras de manter uma paternidade efetiva; manter as responsabilidades financeiras com o ex-cônjuge e os filhos; reconstruir a própria rede social.

Alguns anos atrás, uma cliente minha estava num processo de divórcio que tinha tudo para ser amigável e bem definido. Porém, comecei a perceber que, em todas as sessões, ela gastava um bom tempo reclamando de coisas insignificantes do marido e criando caso em decisões com as quais já estava de acordo. Quando questionei esses fatos, ela percebeu que estava se sentindo inadequada de estar se divorciando tão placidamente! Quando ela dizia que estava tudo bem, muitas vezes era questionada. As pessoas diziam que isso era impossível, que ela devia estar escondendo ou que tomasse cuidado porque ele, com certeza, iria enganá-la. Ela percebeu que não conseguia fazer um divórcio em paz; que se esforçava para ter dificuldades.

De fato, é difícil um processo de divórcio indolor, mas pode acontecer sem guerras! Digo sempre que um bom casamento dará um bom divórcio e um bom marido será com certeza um bom ex-marido; idem para a mulher. As dificuldades de relacionamento, as sacanagens, os problemas que se tem com marido ou mulher certamente serão os mesmos com os ex-maridos e ex-mulheres. Os conteúdos mudarão, mas o padrão de relacionamento e de funcionamento será o mesmo.

Recasamento

Ao iniciar um novo relacionamento, é necessária a recuperação em relação às perdas do primeiro casamento; é necessário um "divórcio emocional" adequado para poder haver um novo comprometimento com o casamento e com a formação de uma família, em que se tenha disposição para lidar com a complexidade e a ambiguidade.

Ao planejar o novo casamento e a nova família, é necessário aceitar os próprios medos e os do novo cônjuge, como também os medos dos filhos, em relação ao fato. É indispensável aceitar a necessidade de tempo e paciência para o ajustamento às complexidades e ambiguidades de: múltiplos papéis novos, fronteiras, espaço, tempo, condição de fazer parte da família, autoridade, questões afetivas, culpa, conflitos de lealdade, desejo de mutualidade, mágoas passadas não resolvidas.

As aprendizagens ainda incluem trabalhar a honestidade no novo relacionamento, para evitar os mal-entendidos; planejar a manutenção de relacionamentos financeiros e de copaternidade cooperativos com os ex-cônjuges; planejar uma forma de ajudar os filhos a lidarem com seus medos, conflitos de lealdade e condição de fazer parte de dois sistemas; reorganizar os relacionamentos com a família ampliada para incluir o novo cônjuge e filhos; planejar a manutenção das conexões das crianças com a família do(s) ex-cônjuge(s).

Na efetivação do recasamento, são vários os desafios: aceitar um modelo diferente de família, com fronteiras permeáveis e inclusão do novo cônjuge (padrasto ou madrasta); realinhar os relacionamentos e arranjos financeiros em todos os subsistemas para permitir o entrelaçamento de vários sistemas; criar espaço para os relacionamentos de todos os filhos com os pais biológicos, avós e o restante da família ampliada; compartilhar lembranças e histórias para aumentar a integração da nova família.

Acidentes

Cada situação traz no seu bojo a necessidade de se reorganizar com as mudanças e as aprendizagens necessárias e específicas. Cada acidente traz a sua metáfora, que pode ser uma boa forma de entender o que está acontecendo nesse momento, no emocional, no afetivo, nas relações. Um acidente de carro pode ser só um alerta para cuidar melhor da manutenção do veículo, mas pode ser um sinal de que a pessoa precisa prestar mais atenção no que faz e pode ser, também, uma metáfora de como está levando sua vida de forma descuidada.

Sou sempre cuidadosa em não "psicologizar" demais o que acontece com as pessoas. Mais importante do que grandes interpretações é a pessoa envolvida ter consciência do seu funcionamento, do que faz, do que poderia ter feito ou o que poderá fazer nas outras vezes. No entanto, sei que existe relação entre o funcionamento e os acidentes que acontecem.

Perdas

Seja ela de que natureza for, é necessário lidar com todos os aspectos da perda: chorar a dor, expressar a raiva, limpar a culpa, para poder refazer o projeto de vida. A forma e o tempo necessários para lidar com esses aspectos dependem do funcionamento de cada pessoa ou família, da importância e profundidade da perda, de outros aspectos circunstanciais da vida, os quais facilitarão ou não esse processo.

Para passar pelas etapas de desenvolvimento de forma mais funcional, é preciso: tomar cuidado para manter a flexibilidade; não evitar as emoções que são desencadeadas, taxadas de positivas ou negativas; lidar com a situação real, evitando as utopias; compreender racionalmente as fases e seus componentes; exercitar a amorosidade e a compaixão. Assim, será mais fácil desencadear as aprendizagens específicas de cada fase.

Na passagem dessas fases, pode ser necessária a busca de um terapeuta, ou de uma terapia, para ajudar as famílias, que descarrilaram no ciclo de vida familiar, a voltar à sua trilha de desenvolvimentos e aprendizagens. Muitas vezes, é importante dirigir os esforços terapêuticos para ajudar os membros da família a se reorganizarem, de modo a poderem prosseguir para as próximas fases. A terapia vai ajudar e acompanhar as famílias, ou os indivíduos, de forma a lidar com as perdas (chorar a dor, viver a raiva) e preparar-se para as próximas fases, estabelecendo rituais de passagem ou resolvendo os sintomas.

O trabalho terapêutico pode ser com o cliente individual ou com todo o sistema (até quatro gerações), dependendo da queixa, de quem procura e das disponibilidades.[15]

As dificuldades familiares são geralmente maiores nos pontos de transição de um estágio para outro, no processo de desenvolvimento familiar. Existem muitas evidências de que os estresses familiares, que costumam ocorrer nos pontos de transição de ciclo de vida, criam rompimentos nesse ciclo e produzem sintomas e disfunções. Os sintomas podem ser rituais de passagem, dificuldades em deixar a fase, dificuldades em aprender o novo.

[15] ROSSET, S. M. **Izabel Augusta**: a família como caminho. Belo Horizonte: Artesã, 2014.

Espaço familiar

A família sempre foi vista e compreendida como a matriz da identidade do indivíduo. A família em si é uma unidade, como um organismo, em que todas as partes estão ligadas e interagem. Há um movimento contínuo, circular, de trocas entre o sistema familiar e a estrutura individual. Dessa forma, o indivíduo surge como elemento potencial de entrada de novos estímulos no sistema, ao mesmo tempo em que vive complexidades, contradições e conflitos, dentro da rede interacional que compreende não só a família atual, como a trigeracional.[16]

Um exemplo que sempre me surpreendeu foi a forma aberta como minha mãe aceitava novas pessoas convivendo com a família. Amigos e colegas do marido, casais amigos, amigos e colegas dos filhos, namorados, namoradas, amigas, casais amigos dos filhos, amigas das noras, colegas e amigos dos netos, namorados dos netos. Refletindo sobre essas pessoas que entraram e saíram da sua vida, fico encantada com o seu jeito de mudar ideias, valores, forma de ser e de avaliar situações, a partir das influências dos valores e formas de ser de todas essas pessoas. De fato, ela soube fazer bom uso do que cada um dos seus familiares trouxe para dentro da família.

Padrões de funcionamento

É no seio da família que a pessoa define seus padrões básicos de funcionamento. Padrão básico de funcionamento significa a sua

---

16 ROSSET, S. M.; PAULUS, T. C. F. B. **Terapia Relacional Sistêmica**. Trabalho apresentado no Seminário Clínico do Núcleo de Psicologia Clínica, Curitiba, 30 abr. 1990.

forma específica e repetitiva de ser e de reagir em todas as situações; os mecanismos que usará para viver e sobreviver; suas escolhas ao compreender e relacionar-se com as pessoas e situações. Tal padrão constrói-se no entrelaçamento das relações familiares, através do que é dito e do que não é dito, das normas explícitas e das regras que são passadas de forma sutil, nos olhares, nos toques, nas palavras e atos.

Um rapaz que conheci em consultório dificilmente teria uma justificativa racional para explicar por que cola o restinho insignificante do sabonete no sabonete novo, mas ele, sua mãe e seus irmãos fazem isso! Se formos olhar outros comportamentos dos seus irmãos (não fazer duas vezes o mesmo caminho ao ir à feira, torrar o pão que sobrou, dar para os primos as roupas que não servem mais, organizar as festas familiares para que não sobre muita comida, aproveitar as costas das folhas de papel usado para rascunho no computador), veríamos vários exemplos de como eles não gostam de desperdícios. Nenhum deles se lembra de alguma vez ter recebido algum ensinamento explícito sobre não desperdiçar, mas isso passou para todos eles.

Paralelo ao padrão de funcionamento que vai construindo, o indivíduo estrutura a sua autoimagem: quem é, qual é seu valor, qual é sua potência, quais são seus limites. Assim, ele chega na adolescência, e depois na vida adulta, com os ônus e os bônus de ter sido criado naquele sistema familiar específico, com aquele padrão específico.

Funcionalidade

Certamente, existem famílias que ajudam mais, e outras que ajudam menos os seus membros a crescer como pessoas funcionais.

Uma família funcional é aquela que cumpre suas funções básicas de criação e desenvolvimento dos seus membros de uma forma firme e flexível, adaptada às circunstâncias e aos fatos de cada momento, que está sempre num processo de tomada de consciência, de aprendizagem e de crescimento.

Uma das formas de avaliar a funcionalidade de uma família é avaliando as suas fronteiras. Fronteira é um limite virtual que define quem é e quem não é daquele sistema. No caso da família, essa fronteira deve ser nítida, no sentido de definir quais tarefas e funções dos membros da família sejam desempenhadas por eles e possibilitar intercâmbio, contato e aprendizagens com outras pessoas de outras famílias ou da família extensa.

Fronteiras

Quando as fronteiras dentro da família (casal, filhos, pais) não são bem definidas, é comum ter um filho ocupando uma tarefa ou uma função que não deveria ser sua. Com isso, ele tem seu desenvolvimento perturbado; seu crescimento é impedido; a passagem das etapas, a mudança de funções, a capacidade de exercer atividades criativas ficam alteradas. Por exemplo, uma criança que esteja demasiadamente engajada e comprometida com seus pais, que sejam incapazes de ter suficiente intimidade entre si, está cumprindo funções antinaturais, e seu lugar como filho encontra-se mal definido. Isso vai, no futuro, dificultar que ela se liberte e organize sua vida amorosa, afetiva e sexual, que construa sua própria família.

No caso de haver uma não-separação dentro da família e um fechamento com relação ao mundo externo, a família aprisiona seus membros, sem possibilitar o desenvolvimento da autonomia.

Subsistemas familiares

Os subsistemas familiares (subgrupos) têm suas funções básicas, que devem ser cumpridas sem interferências danosas; por essa razão, devem ter fronteiras nítidas. Isso significa que cada pessoa sabe suas funções, seus limites e seu espaço dentro da família. Sabe porque aprendeu no dia a dia, porque o funcionamento deixa claro quem é o marido, quem é a mulher, quem cuida de quem, quem faz parte de quais atividades.

O **subsistema conjugal** (o casal) tem como funções básicas: ser o refúgio para os estresses externos que os dois cônjuges sofrem no dia a dia; ser a matriz para contatos com outros sistemas sociais, criando a forma específica desse casal se relacionar com as famílias e com o social; possibilitar o desenvolvimento da intimidade e da sexualidade; favorecer aprendizagem, criatividade e crescimento, pois é a relação de maior intimidade que se tem, na qual aparecem o melhor e o pior de cada um dos dois, possibilitando maior aprimoramento.

A tarefa desse subsistema é cumprir tais funções, preservando muito bem as fronteiras, de forma que nem os filhos, nem os parentes, nem os amigos interfiram. Numa família que tem dificuldades em manter a definição do subsistema conjugal, podemos encontrar um filho sendo o confidente, amigo e companheiro de um dos pais, sendo o parceiro das horas de lazer no lugar do outro cônjuge; como também os cônjuges atacando-se e criticando-se, criando estresse, ao invés de se cuidarem entre si.

O **subsistema parental** (quando os membros do casal se tornam pais) tem as funções de nutrição, controle e orientação dos filhos, dando autonomia apropriada à idade, mas usando a autoridade necessária. Para isso, esse subsistema precisa se diferenciar do subsistema conjugal, a fim de desempenhar as tarefas de socialização de uma criança, sem perder o apoio mútuo; precisa permitir o acesso da criança a ambos os pais, excluindo-a das funções conjugais; precisa adquirir flexibilidade para se adaptar aos novos fatores.

Muitos casais relatam que, ao se tornarem pais, deixaram de ser amantes, namorados, de ter tempo e espaço só para si. Essa é uma habilidade necessária, pois se eles não continuarem a ser casal e ter seu espaço próprio e protegido, as funções desse subsistema acabam sendo depositadas nos filhos, que ficam com uma tarefa que não deveria ser deles.

O **subsistema fraternal** (os irmãos, os filhos) tem como função primordial ser o primeiro laboratório social, em que as crianças exercitam o seu direito à privacidade, obtêm suas próprias áreas de interesse e são livres para tatear à medida que exploram.

Muitas confusões podem acontecer nas definições errôneas das funções de cada subsistema. Às vezes, um dos pais estabelece uma aliança muito estreita com o(s) filho(s), opondo-se ao cônjuge ou criticando-o. Esses ataques podem ser sutis ou abertamente declarados; de qualquer modo, são prejudiciais para o bom funcionamento de todo o sistema e também para o desenvolvimento de um filho em particular.

Outras vezes, a mãe e o pai são estreitamente ligados ao filho, mas estão em luta entre si e, de alguma forma, usam o filho como instrumento dos ataques.

Outras, mãe e pai unem-se fortemente, mas estão em constante e intenso conflito com o filho, não dando espaço para ele na relação paternal, faltando às suas funções de pais.

Outras, ainda, pai, mãe e filho mantêm sólidos laços, mascarando e escondendo os conflitos conjugais, através de uma dedicação parental extrema.

Alguns autores e estudiosos de famílias dizem que uma família saudável é aquela que consegue desenvolver uma democracia familiar, sabendo que é um processo complexo e lento, que implica negociação e clareza dos limites e funções dos que estão envolvidos.

Funções básicas

No espaço familiar, além das funções dos subsistemas, existem funções básicas (que existem em todos os sistemas humanos).

A **função materna** é a tarefa de vincular, de ser continente e alimentador; faz a relação afetiva, o cuidado, mantém o sistema; dá contato e realidade. Não é tarefa de mãe, é tarefa **materna**, que pode e deve ser desempenhada por alguém do sistema familiar, pode ser a mãe, mas não é **da** mãe. Essa função acontece quando se pega no colo, dando aconchego nas horas de tristeza, de dor ou naquelas em que só se quer colo; quando se protege alguém; quando se cuida da roupa ou da alimentação de alguém.

A **função paterna** significa lei, organização, estrutura, palavra, autoridade; está ligada a crescimento; leva à aprendizagem e ensina regras e limites. Não é tarefa de pai, é tarefa **paterna**, que pode e deve ser desempenhada por alguém do sistema familiar, pode ser o pai, mas não **do** pai. Essa função está sendo desempenhada quando se ensina alguém; quando se definem e mantêm-se os limites;

quando se definem e cumprem as regras; quando se ensina alguém a consertar algo, a organizar alguma coisa, a fazer uma atividade.

A **função de aprendizagem** é ligada à aquisição de conhecimentos, informações, novidades; é relacionada a aprender, desenvolver-se, treinar. Essa função é desempenhada cada vez que alguém aceita um ensinamento; cada vez que alguém aceita a crítica e reformula a partir dela; cada vez que se aprende algo novo, que se reformula algo velho.

A **função de historiador** contém a tarefa de passar história, raízes, base, continuidade; de fazer a ligação entre passado, presente e futuro. Essa função está sendo desempenhada toda vez que alguém traz algo da história da família, da história dos antepassados, "causos" e fatos do passado.

Numa família funcional, saudável, essas funções vão circular entre as pessoas. A negociação explícita das funções permite que o sistema adapte-se às mudanças e deixe as relações desenvolverem-se. A mudança nas funções complementares, gerando crescimento e reorganização, continua no sistema familiar, através do seu ciclo de vida.

Numa família disfuncional, há uma rigidez na determinação de quem e como se desempenham essas funções. Não variam as pessoas; não variam as funções; não variam as tarefas das funções.

Uma outra visão das funções do espaço familiar são as chamadas funções de vida, que toda pessoa deveria aprender na convivência familiar. São as funções: de **ser cuidado**, de **cuidar de**, e de **cuidar de si**. São funções do processo de desenvolvimento e diferenciação psicológica; dessa aprendizagem, depende a possibilidade da pessoa ter uma relação amorosa, cuidadosa em relação a si mesma e aos outros.

Relatos e padrões

Dentro da família, a realidade constrói-se a partir das narrações que se fazem dos fatos passados, dos projetos de futuro e das vivências do presente. Como nas antigas tradições, cada um conta, recriando em cada ocasião, a sua versão pessoal, a sua história. O modo como se entrecruzam os vários relatos das diferentes histórias constitui a vida da família. Quanto mais histórias diferentes, inclusive contraditórias, o sistema familiar for capaz de aceitar, maiores serão as possibilidades dos seus membros de se enriquecer emocional e intelectualmente, de se tornar autônomos, de se individuar e separar-se no transcurso do tempo.

A família precisa de flexibilidade e tolerância para lidar com as histórias diferentes de cada elemento, bem como permitir que surjam novas histórias, novas leituras das histórias antigas. Essa é uma das formas de se aprender a lidar com as diferenças: não como algo certo, errado, verdadeiro ou não, mas só como algo diferente. Ter dois pontos de vista é sempre melhor, mais rico do que só um.[17]

Quando falo em família, refiro-me à família nuclear: pai, mãe e filhos, mas é necessário salientar a importância da família extensa. Tios, primos, parentes têm sua importância no sentido de dar referências, de situar a criança, de dar exemplos, de possibilitar a aprendizagem das diferenças e semelhanças. Muitas pessoas têm consciência da existência de padrões específicos relativos a funções, estruturas ou relacionamentos, que são transmitidos para toda a família.

Às vezes, esses padrões incorporam-se aos mitos familiares e são transmitidos em relatos sobre as gerações anteriores.[18] Por exemplo, a forma como a avó lidava com uma certa situação pode ser considerada como um modelo para ser seguido.

Uma avó ficou encantada ao ver sua netinha torcer o pano para secar a pia do mesmo jeito que ela torcia, que era um jeito diferente do que a maioria das pessoas fazia. Perguntou por que fazia daquela forma. A neta não sabia explicar como torcia o pano, só torcia. Deu, porém, todas as explicações que a avó daria ao justificar a necessidade

---

[17] BOSCOLO, L.; BERTRANDO, P. **Los tiempos del tiempo**: una nueva perspectiva para la consulta y la terapia sistémicas. Barcelona: Paidós, 1996.

[18] FURLONG, D. **A influência dos padrões familiares na sua vida atual**. São Paulo: Cultrix, 1999. p. 54.

e importância de secar bem a pia e todos os outros detalhes. Ela só tinha seis anos, quatro dos quais sem convivência com a avó!

Os avós têm uma função específica na família, que é de dar o sentido de clã, de ser prova do passado, de enriquecer o presente e delinear os planos de futuro. Para os avós, ter netos é a possibilidade de se passar a limpo mais uma vez, de fazer diferente e de fazer diferença. Muitos avós que conheço fazem bom uso dessa etapa de ter netos e reeditam suas vivências como pais, bem como aquelas da sua própria infância. Os que conseguem fazer isso enriquecem, intensamente, suas vivências e suas emoções.

A maioria das famílias tem histórias de antepassados, que são transmitidas de geração para geração. Essa é uma herança rica, que molda as crenças e a vivência das crianças, proporcionando uma continuidade de experiências que é incorporada à estrutura familiar.[19]

Dependendo da forma como os pais abrem espaço para os registros familiares, da forma como eles integram as suas famílias nas histórias e na vida dos filhos, estes podem se enriquecer com as experiências, vivências, riquezas dos seus antepassados.

Muitas crianças não sabem, ao certo, nem o nome dos seus avós, quanto mais os outros dados; também não têm ideia sobre bisavós, tios, primos.

---

[19] Id.

Lidando com a emoção

A palavra "emoção" significa movimento externo, para fora ou de fora. As emoções são de dois tipos: emoções de bem-estar e emoções de emergência. As emoções de bem-estar, que incluem o amor, a simpatia e o afeto, são elaborações e antecipações das vivências de prazer. As emoções de emergência, que incluem o medo, a raiva e o ódio, nascem da experiência e da antecipação da dor.[20] A família, o espaço familiar, é o lugar especial para aprender a lidar com as emoções, e essa é uma das tarefas dos pais. A forma como eles facilitam ou não para os seus filhos depende de como eles lidam com suas próprias emoções.

Como em todos os setores, o exemplo vale mais do que a conversa ou o ensinamento teórico. Se uma criança vê seu pai ou sua mãe chorando quando está triste, ela aprende, registra, que chorar faz parte do jeito de lidar com as situações de vida, emocionais. Se os pais têm dificuldades em lidar com suas emoções, seja em expressar, seja em ter consciência do que sentem, seja em controlar os impulsos, podem aproveitar a chance que a vida lhes dá de aprender enquanto ensinam seus filhos.

Existem pais que têm um padrão de lidar com as emoções que gera dificuldades em aceitar a expressão da emoção dos filhos; portanto, esses têm mais dificuldade em ensiná-los.

As emoções tidas como "positivas" são, de alguma forma, aceitas; acontecem sem registro especial. Porém, os pais têm dificuldades em lidar com as emoções tidas como "negativas".

---

20 LOWEN, A. **Alegria**: a entrega ao corpo e à vida. São Paulo: Summus. 1997. p. 152.

Muitos pais não dão importância, banalizam ou ignoram as emoções; outros desaprovam e são críticos com as demonstrações de sentimentos "negativos" dos filhos e, muitas vezes, castigam-nos por expressar tais emoções. Existem também pais que até aceitam as emoções dos filhos, demonstram afeto e compreensão por eles, mas não os orientam, não lhes dão limites; assim, deixam os filhos sozinhos e sem parâmetros para lidar com tudo o que sentem e expressam.

Na lida das questões emocionais, é importante o processo de tomar consciência do que se sente, para poder expressar sentimentos e emoções; assim, no treino da expressão, poder ter controle sobre o que se sente e o que se expressa. Esse caminho exige tempo, treino e supervisão. As crianças que podem ser acompanhadas pelos pais nessas aprendizagens serão mais ricas e seguras no terreno emocional.

Levar a sério as emoções da criança exige empatia, capacidade de ouvir e vontade de ver as coisas pela ótica dela. Exige, também, uma dose de generosidade.

Uma mãe contou-me como seu filho, todos os dias, voltava da escola e a consumia, contando suas dificuldades, suas raivas, suas brigas e choros que tivera. Sempre era a mesma ladainha. Ela já sabia o enredo e já tinha palavras certas para responder à cantilena e para desviá-lo dessa repetição. Um dia (após uma sessão de terapia, na qual ela entrou em contato com sua solidão emocional na infância, quando seus pais não tinham disponibilidade em entendê-la ou ouvi-la), parou o que estava fazendo, sentou ao lado do filho e começou a ouvi-lo, realmente. Pela primeira vez, compreendeu as dores e dificuldades dele; pela primeira vez, pode ajudá-lo a entender o que sentia e a buscar novas saídas para suas dificuldades.

Trabalhar com as emoções dos filhos passa, inevitavelmente, pela tomada de consciência e reflexão sobre a forma como nossos pais lidaram com as nossas emoções quando éramos crianças, bem como pela forma como hoje, no dia a dia, lidamos com nossos sentimentos, emoções e expressões.

Uma família que veio para terapia pela agressividade do pai levou muito tempo para aprender a lidar com a dificuldade que o pai apresentava em controlar sua raiva quando um dos filhos, a mulher ou a empregada, estragava ou desperdiçava alguma coisa. Ele recordou-se dos ataques de fúria que o seu pai tinha quando qualquer coisa era feita em casa contra suas ideias e valores. Ele não aprovava isso, ele sentiu-se muito infeliz com várias crises do seu pai; porém, quando algo parecido acontecia, agora, na sua família, ele reagia igual, mesmo que tivesse uma remota consciência de que estava repetindo o que assistira. Com a ajuda dos filhos, ele pode começar a se controlar nos momentos em que corria o risco de repetir os episódios de violência.

A disponibilidade e a disposição para lidar com as emoções dos filhos são uma tarefa de aprender e de ensinar no dia a dia. Os primeiros passos são perceber as emoções da criança, e isso significa ficar atento ao olhar, às expressões, às palavras, às rotinas do filho, e garimpar formas e jeitos que cada um dos filhos tem de reagir aos fatos, às pressões e situações.

Assim, descobrem-se as peças de cada quebra-cabeça que criamos e que se chama filho. No entanto, reconheço que isso só é possível se os pais perceberem a expressão e o reconhecimento da emoção como uma oportunidade e um caminho para intimidade, relacionamento, ensino e aprendizagem de vida.

Com essa condição, consegue-se ouvir, com empatia pela criança, vendo seus sentimentos como legítimos e ligados a fatos e situações. É possível, ainda, ajudar a criança a encontrar palavras para identificar cada emoção que ela está sentindo, dar-lhe dados de realidade, impor limites, ao mesmo tempo em que se exploram novas estratégias para a solução do problema, da dor, da situação em questão.

A partir da tomada de consciência, é possível ter discernimento a fim de encaminhar a emoção para o que for mais funcional: expressar, conter, descarregar, redirecionar. Qualificando que a emoção existe, sem a busca estéril do **porquê** dela existir, é possível descobrir e usar formas adequadas para lidar com elas e, ao se defrontar com as emoções dos filhos, os pais já terão um caminho andado e poderão abrir novas possibilidades emocionais e relacionais para eles.

Um cliente que acabara de se separar e estava tentando ter uma relação de intimidade com o filho que ficara morando com a mãe assustou-se quando lhe disse que, em 40 minutos de sessão, ele fizera 16 perguntas ao filho: por que ele fizera isso ou aquilo; por que ele sentira isso ou aquilo; por que ele dissera isso ou aquilo.

Pais que querem ensinar seus filhos a lidar com as emoções iniciam já na gestação (se não antes) a ter consciência das emoções desencadeadas pelas situações.

A gestação, o parto e os primeiros dias do bebê são fases repletas de emoção, de ansiedade, de dúvidas, de dificuldades, de alegrias, de novidades.[21] As famílias que conseguem fazer bom uso dessa experiência podem aprender e enriquecer-se com os sentimentos e as emoções que surgem.

As rotinas de assepsia e outras justificativas importantes para a saúde, porém, trouxeram alguns hábitos que não facilitam aos pais e às crianças aprenderem a lidar, desde o início, com as emoções.

Particularmente traumática é a separação precoce entre mãe e filho. O momento do nascimento é o término de uma longa jornada e o início de outra. Antes de nascer, o bebê era um sistema de energia da mãe. Ao nascimento, **separam-se esses dois sistemas** energéticos. É necessário um bom tempo para que os dois sistemas adaptem-se a essa drástica mudança. Quanto mais próximos eles permanecerem, mais fácil será esse processo de separação.

Na primeira hora, começa a se determinar o **vínculo mãe *x* bebê**, isto é, o estabelecimento de uma relação da mãe para o bebê, que estimulará o bebê a responder energeticamente. Nesse momento, o bebê começa a sentir qual é a forma como se lida com a emoção na família em que ele está entrando. Isso fica registrado, pois não são as palavras ou as explicações que fazem sentido, mas sim o contato energético e corporal.

A necessidade básica dos dois, nos primeiros minutos, é de **contato corporal**. Só dessa forma, eles reatam a ligação; olhando-se, tocando-se, conhecendo-se. Através do contato **corpo a corpo**,

---

[21] ROSSET, S. M. Psicologia do parto. **Curitiba Shopping**, 1979.

pele com pele, o bebê **reassegura-se** da ligação, da energia que lhe dá continente; a mãe reassegura-se da existência, da realidade de sua tarefa. Dessa forma, os dois organismos podem relaxar, seus corpos voltar a pulsar e a energia fluir por todo ser.

Nos primeiros momentos, também começa a se definir a qualidade do **vínculo do bebê com o pai**. A presença do pai na sala de parto, bem orientada, estabelece uma conexão importante dele com o bebê e com a mãe. Sua presença torna-o participante no processo, importante e responsável pelo que está acontecendo. Isso fortalecerá sua ligação afetiva e energética com o bebê.[22]

Assim, a família pode iniciar sua "conversa" corporal e energética sobre sentimentos e emoções que estão sendo desencadeados. As interações entre pais e filhos referem-se a seus respectivos campos energéticos. O contato corporal é importante; significa que devemos amamentar os filhos e carregá-los junto ao corpo. Quando se aceita isso, muita coisa muda; as pessoas ficam menos contidas, com mais ousadia e coragem para expressar suas emoções, descobrir novos gestos para dar e receber afeto, calor e energia. O fato de ter um filho pode ser vivido como grande alegria e aventura.

Em nome da importância de se colocarem limites e definirem-se regras, aceitou-se que era gerador de "má educação" carregar os bebês ao colo, fazê-los dormir no colo e outros comportamentos. Na minha experiência, percebo que esse contato corporal no início da vida é muito importante para a segurança e aprendizagem afetiva e relacional do bebê. Tenho visto que os pais que fazem isso por prazer, sem imposição de regras externas, conseguem colocar os limites quando a hora dos limites chega, facilmente.

Receber bastante colo e carinho dá aos filhos o dever de aceitar as limitações depois impostas. Os pais que dispensaram seu tempo e sua energia ninando seus filhos têm o direito de manter, firmemente, as regras e os limites quando chegar a hora, e eles forem necessários.

---

[22] ROSSET, S. M. **Prevenção de neurose**. Palestra proferida no 1. Encontro sobre Gestação, Parto e Primeiras Relações com o Bebê, Núcleo de Psicologia Clínica, Curitiba, 10 nov. 1984.

É importante lembrar que o bom senso será sempre o melhor companheiro!

Fazer programas, tarefas, coisas em geral juntos são formas de aprender a lidar com a emoção. Martha FIGUEIREDO,[23] quando fala da alegria como energia libertadora, explica que a cooperação é um método que conduz ao processo pedagógico da alegria. Ela dá ao grupo e, no caso, aos membros da família a possibilidade de buscar atitudes mais verdadeiras. Então, a alegria nasce do sentimento de pertencer; de ser um com todos, apesar das diferenças; de se saber mergulhado nesse cenário esplêndido. Abrir a porta para a alegria é o primeiro passo para se acompanhar o processo criador da família.

Numa época em que estive interessada na forma como as pessoas cultivavam a alegria no seio da família, entrevistei muitas famílias e tive certeza de que aquelas que incluíam a expressão de alegria nos seus rituais e hábitos apresentavam formas mais funcionais de lidar com seus sentimentos e emoções. Essas famílias sempre incluíam cantos, danças, brincadeiras alegres nos seus contatos. Eu mesma lembro, com saudade, de meus pais cantando ***Noite Feliz*** nas comemorações de Natal em família, e de quando eles treinavam passos de dança antes de ir aos bailes. São lembranças de alegria que marcam para sempre e superam outras possíveis dificuldades.

Uma das lições mais importantes que as crianças precisam aprender é que seus sentimentos são sempre sobre elas mesmas – revelações de suas necessidades de, por exemplo, serem amadas, afirmadas, sustentadas, ouvidas ou elogiadas.

Infelizmente, a maioria dos pais não percebe que seus próprios sentimentos são relativos a si mesmo, e não pode ensinar essa lição essencial aos filhos. Os pais tendem a culpar um ao outro ou aos filhos por aquilo que eles sentem. Aprender que os sentimentos são

---

23 FIGUEIREDO, M. Alegria, a energia libertadora. In: COSTA, R. P. da (Org.) **Um homem à frente do seu tempo**: psicodrama de Moreno no século XXI. São Paulo: Agora, 2001. p. 132.

sobre você ajuda a assumir responsabilidade sobre eles, sem ficar criando raivas, mágoas e retraimentos.[24]

É importante falar com os filhos. É preciso falar-lhes desde a mais tenra idade; expressar sobre o que está indo bem, evidentemente, mas também sobre aquilo que não está. Assim, as crianças aprendem a digerir as emoções e os sentimentos e terão naturalidade em expressá-los, sejam eles quais forem; sentirão que seus sentimentos são naturais, que a expressão e o compartilhamento são atos rotineiros.

Uma das primeiras famílias que atendi, como terapeuta de família, veio por causa das reações esquisitas que os dois filhos estavam tendo a partir dos pais terem contado que iam se separar. Pedi para que, inicialmente, viesse só o casal. Eles me contaram que os filhos, de 12 e 10 anos, estavam muito desorganizados, queriam se matar, não queriam sair de casa e choravam o tempo todo. Quando perguntei aos pais como eles lidavam com as frustrações, perdas, dores e tristezas, eles foram taxativos em dizer que eles lidavam como pessoas adultas e que não envolviam as crianças nessas ninharias.

Quando vi as crianças, penalizei-me com a dor e a confusão que elas estavam vivendo: não tinham a mínima ideia de que os pais tinham problemas, nunca imaginaram que eles poderiam estar sofrendo, muito menos que poderiam se separar, e não tinham a menor habilidade em lidar com essa situação tão nova. Foi necessário um longo trabalho com os pais, para que compreendessem que era tarefa deles ensinar os filhos a viver os prazeres, mas também as agruras da vida. Só assim, os filhos iriam aprender e poderiam sentir e expressar seus sentimentos de uma forma que não desorganizasse, desmedidamente, suas vidas, suas tarefas, suas atividades.

No entanto, existem algumas situações em que é desaconselhável trabalhar com a aprendizagem emocional dos filhos. É melhor deixar para outro momento o treino de lidar com as emoções quando você estiver com pressa, quando houver plateia, quando você estiver excessivamente irritado ou cansado para ser eficiente, quando for preciso tratar de um grave desvio de comportamento

[24] HUMPHREYS, p. 158.

ou quando a criança faz "cenas" para manipular os pais. Nessas situações, como dizia minha mãe, "a emenda sai pior que o soneto", pois não existem condições mínimas de discernimento e de bom senso, necessárias para tão importante tarefa: dar orientação sobre os comportamentos emocionais para seu filho.

No entanto, se você decidir deixar para trabalhar emocionalmente com seu filho mais tarde, comprometa-se, com ele e consigo mesmo, a voltar logo ao assunto, para que não se torne um padrão disfuncional de evitar trabalhar as dificuldades.

Uma amiga minha perguntou-me o que ela poderia fazer na seguinte situação: não suportava brigar com seu filho quando ele fazia cenas na frente das visitas, sentia-se inadequada e julgada pelos amigos; então, dava só uma organizada e dizia para ele que depois conversariam, mas "depois... sempre deixava para depois". Cada vez que lembrava do assunto, não queria estragar o bom momento; quando acontecia de novo, ela ficava muito brava e sentindo-se completamente incompetente.

Solidão

Uma das situações mais difíceis de lidar com as crianças é a questão da solidão. Não porque seja uma situação mais difícil do que as outras, mas porque, de um modo geral, as pessoas, os meios de comunicação, a cultura encaminham-nos a não entrar em contato com a solidão.

Após trabalhar muito tempo com adultos que tinham dificuldade de aceitar sua solidão e de lidar com ela, passei a compreender esse processo e o sofrimento que ele implica. A sensação de solidão é inevitável, e muitas explicações teóricas e filosóficas existem para falar dela: a incompletude do homem, o desejo do Nirvana, o trauma do nascimento, entre outras.

Entretanto, o que vi é que as pessoas dividem-se em um grupo que não tem consciência dessa solidão e um grupo que a tem. As que não tem consciência podem fazer sintomas físicos, relacionais ou outros, mas não vão associar os sintomas com sua dificuldade de viver a solidão. No grupo dos que têm consciência da existência da sua solidão, alguns a negam, outros fogem dela, outros não se conformam com ela, e um pequeno subgrupo a aceita.

Aceitar a inevitabilidade da solidão é o primeiro passo para lidar com ela. Alguns aceitam e morrem disso; outros aceitam, sofrem e fazem sofrer por isso; outros culpam alguém; outros viram fanáticos religiosos ou de ideias; alguns se responsabilizam pela consciência que têm da solidão e, entre saídas e recaídas, usam-na como forma de aprender novas coisas nas relações e consigo próprios. Aceitar a solidão não é se resignar; é aceitar a si próprio, nas suas condições e potências reais.

Individualidade e solidão são experiências de grande valor emocional. Para alguns, porém, elas aterrorizam porque são acompanhadas por sentimentos de exclusão, de abandono e de menos valia.

Um casal de pais que não sabia como administrar a dificuldade que a filha apresentava, de não dormir sozinha na sua cama, compreendeu que esse sintoma tinha ligação com a dificuldade que todos eles tinham em lidar com os momentos de solidão e com a crença de que se estivessem juntos sempre seria mais fácil resolver as dores e as dificuldades. Ao refletir sobre suas crenças e reformularem-nas, aprenderam a suportar seus momentos de impotência e solidão e, então, tiveram energia suficiente para colocar os limites que a filha precisava e ensiná-la a fazer bom uso dos momentos solitários.

Individualidade e solidão, no entanto, podem ser experiências altamente gratificantes e enriquecedoras para aquele que se sente pertencente, cuja vida tem valor, no pequeno e no grande grupo social em que ele se encontra verdadeiramente engajado. Estar só pode representar um momento de sossego, de reabastecimento pela intimidade consigo mesmo, de mergulho no seu mundo interno.

Culpa

Um dos sentimentos mais comuns é o sentimento de culpa. É importante entender que a culpa não é uma emoção verdadeira originada na experiência de prazer ou dor. Ela não tem suas raízes nos processos biológicos do corpo. Ela é produto da cultura e dos valores que a caracterizam. Para remover o sentimento de culpa, é necessário, primeiramente, que ele se torne consciente. Alguns autores dizem que o sentimento original de culpa surge da sensação de não se sentir amado. A única explicação que a criança tem para a rejeição dos pais é de que fez algo errado; dessa forma, entra numa corrida de querer agradar e, para isso, faz muitas coisas que não atingem o objetivo, geram mais culpa e aumentam a sensação de não ser amado.[25]

A culpa cria um círculo vicioso difícil de ser quebrado. Todos os atos geram uma reação das pessoas envolvidas. Quando tais atos desencadeiam resultados não desejados ou não aprovados, as pessoas reagem criticando, cobrando da pessoa que foi o desencadeante. Se a pessoa, compulsivamente, devolver a cobrança, atacando os outros envolvidos, depositando a culpa em alguém, esquivando-se de responder pelos seus atos, desencadeará um processo crescente de culpabilizações, no qual cada envolvido, compulsivamente também, atacará e culpará o outro.

Percebi que, quando faz uma escolha consciente dos atos a serem realizados, e eles desencadeiam resultados não esperados ou desagradáveis, ao ser cobrada, a pessoa responsabiliza-se pelos resultados das suas ações e escolhe novos comportamentos, pelos quais, novamente ao ser cobrada, responsabilizar-se-á. Dessa forma, cria um círculo de escolhas e responsabilizações. Portanto, a aprendizagem necessária para não se ficar preso nas redes da culpa é a aprendizagem de fazer escolhas e, consequentemente, responsabilizar-se por elas.

Todas as vezes que acompanhei pessoas que compreenderam esse processo de desencadear a culpa, surpreendi-me pela rapidez com que elas começaram a avaliar as possíveis consequências dos seus atos, e pela facilidade com que elas passaram a fazer suas escolhas. Assim, as culpas perdem a energia de base e deixam de atrapalhar suas decisões.

---

[25] LOWEN, A. **Prazer**: uma abordagem criativa da vida. São Paulo: Summus, 1984. p. 171.

Pais que agem impulsivamente, ensinam seus filhos a agir compulsivamente, sem escolher o que querem e vão fazer. Quando o comportamento do filho não é "correto", ou não gera efeitos "corretos", os pais, automaticamente, criticam e acabam por ensinar seus filhos a serem indivíduos no processo de culpa.

Muitos pais costumam brincar, ironicamente, com os filhos, olhando a situação só sob o seu próprio ângulo. Os pais sabem que a intenção (consciente) não era de machucar, mas esquecem de ver como a brincadeira, ou o comentário, pode gerar vergonha e humilhação no filho. Vergonha e humilhação destroem a dignidade do indivíduo e são mais traumáticos do que um machucado físico.[26]

Uma das tarefas dos pais é ensinar os filhos a lidar com a energia que é sinônimo de emoção. As emoções são eventos corporais, são movimentos ou impulsos de dentro do corpo que, geralmente, resultam em alguma ação externa. A quantidade de energia que uma pessoa tem e o modo como a usa vão determinar e refletir sua personalidade. Por exemplo, uma pessoa impulsiva não consegue conter qualquer aumento no seu nível de excitação ou energia e deve descarregá-la o mais rápido possível; o indivíduo rígido contém a expressão da sua energia, contendo seus movimentos e comportamentos.

Se os pais perceberem suas próprias formas de lidar com a energia, podem identificar a forma como o filho a usa e, a partir disso, auxiliá-lo a lidar de modo mais funcional com seu corpo, sua energia, suas emoções.

Depressão

Sempre que eu falo sobre o uso da energia, lembro-me de uma tira de quadrinhos da Mafalda (personagem do cartunista argentino Quino) que ganhei de uma cliente. *O título era* ***Como aprender a ficar deprimido****, e a Mafalda ensinava isso, mais ou menos, da seguinte forma: "para se ficar deprimido rapidamente é só ficar bem parado, sem*

---

[26] Ibid., p. 177.

se mexer; baixar a cabeça e só olhar o chão; respirar o mínimo possível e só pensar em coisas negativas". Ela ainda garantia que era confiável; sem dúvida, rapidamente conseguir-se-ia ficar deprimido.

Até hoje, uso essa historinha para auxiliar meus clientes a compreenderem que, para se sair da depressão, é imprescindível: fazer exercício com o corpo, acelerando a circulação da energia; olhar para frente (literal e metaforicamente); aprender a respirar ampla e plenamente; escolher e controlar o que pensa. É uma árdua e interessante tarefa. Seguindo-se o contrário dos ensinamentos da Mafalda, acaba-se com qualquer depressão em curto espaço de tempo.

Tristeza

Esse assunto traz à discussão os endossos culturais dos quadros emocionais. Uma das aprendizagens importantes é diferenciar a tristeza da depressão. Tenho visto muitas situações em que, por não se lidar com a tristeza, cai-se em depressão. A tristeza é inevitável e necessária. É a forma que o organismo tem de digerir frustrações, perdas e incompetências. É importante percebê-la e expressá-la, seja chorando, seja ficando quieto, seja falando sobre ela. Dessa forma, previnem-se muitas situações de depressão; ela que pode começar leve, como uma tristeza não trabalhada; porém, se não forem tomadas medidas (as da Mafalda, as mais clássicas, as de bom senso), pode-se chegar a situações muito alarmantes. A prevenção sempre é o contato e a expressão das emoções; nesse caso, da tristeza.

Uma mãe ligou-me, pedindo que atendesse seu filho de 12 anos que estava com depressão. Ao pedir dados e esclarecimentos, pelo telefone, percebi que, na verdade, o menino não estava depressivo; estava, sim, muito triste. Ele havia perdido seu cão, com o qual estivera desde os sete anos; mudaria de escola nos próximos meses; um tio seu estava com câncer.

Ao invés de atendê-lo, pedi aos pais que viessem a uma sessão para eu checar alguns dados. No encontro, avaliei, sem rodeios, as formas que eles, como família e individualmente, usavam para digerir e expressar situações e momentos de tristeza. Os dois estavam de acordo de que não se devia dar trela para a tristeza e acreditavam que, se fosse alimentada, viraria depressão. Eles tinham pânico dessa hipótese; nas duas famílias de origem, havia vários casos de depressão.

Avaliei, com eles, vários desses casos, e percebemos que toda a família extensa era especialista em driblar as tristezas: fugindo delas, fazendo de conta que não existiam, mudando o foco, fazendo graça ou ridicularizando as pessoas e situações. Trabalhei com eles, então, no sentido de descobrir outras formas de lidar com tristezas, além das familiares e conhecidas. Eles passaram a pesquisar outras possibilidades no social, na televisão, no cinema. No andamento desse trabalho, o filho melhorou, mas eles continuaram investindo nas descobertas. A partir daí, começaram a experimentar novos encaminhamentos quando um dos filhos, ou mesmo um deles, vivia frustrações, perdas, derrotas. Aprenderam a chorar junto, a só ficar perto, a conversar sobre as dificuldades, além de inúmeras outras formas de circular, expressar e digerir as tristezas.

Caminho da energia

Para acompanhar as nossas emoções e a dos nossos filhos, bem como as ações que são compatíveis, é interessante conhecer o caminho da energia corporal nas emoções básicas. Na raiva, a energia flui para os músculos e para as mãos, acompanhada de descarga de hormônios, o que prepara o organismo para ações fortes e vigorosas. No prazer e na felicidade, há uma expansão geral da energia, e ela flui para a superfície da pele (incluindo genitais), dando uma sensação de tranquilidade e deixando o organismo disponível. Na ansiedade, há uma contração da energia, e o fluxo dirige-se para dentro do organismo, para os órgãos internos. Nas situações de aspiração ou desejo, o fluxo da energia vai para o peito e para os braços, mas também para pélvis, boca e olhos. Na tristeza, o organismo todo se contrai, diminuindo o fluxo energético.

Recursos da própria família

A lição mais importante que aprendi na minha história de formação de terapeuta de famílias foi de que cada família possui sua própria cura. Isso significa que a família é a especialista no assunto; ela tem, no seu âmago, todos os recursos necessários para mudança e reformulação. Ao terapeuta, cabe respeitar, ter compaixão, ter confiança. Com respeito, compaixão e confiança, ele vai enxergar as formas mais adequadas de ajudar a família a retomar sua caminhada funcional, a desatar os nós que a impedem de crescer e desenvolver-se e, acima de tudo, ajudá-la a confiar na sua própria capacidade de cura.

Sintomas

Quando alguém na família tem algum sintoma, é porque a família está precisando, naquele momento, aprender algum novo comportamento, fazer alguma remodelação no seu funcionamento ou mudar comportamentos que, mesmo que tenham sido úteis em outra etapa, agora são disfuncionais. Se for possível que a família faça essa avaliação, ela conseguirá, sem dúvida, mapear as alterações que trarão de volta o movimento, o funcionamento, a saúde e a alegria.

Potência da família

A família tem potencial e potência de atrapalhar ou de curar os seus indivíduos. Se compreenderem isso, seus membros poderão sempre acionar esses instrumentos para se cuidar, proteger-se, curar-se e, assim, poder crescer, aprender e enriquecer sempre mais. Quando estamos envolvidos num problema, com alguém da família, podemos perder o discernimento, pois nossa autoestima, nossa imagem está danificada. Além disso, há o medo de não conseguir resolver, a dor pelos erros cometidos, a frustração por não ter dado conta, por ter falhado. Lealdade, responsabilidade, tolerância, divertimento e bondade – essas são as características positivas da vida familiar, pelas quais expandimos e enriquecemos uns aos outros.

Lembro de uma família que veio só a uma sessão. Todos estavam muito preocupados com o filho de 12 anos que estava fumando maconha (tinham mais um filho de 15 e uma filha de 18). Na primeira e única sessão, avaliei com eles o que estavam precisando aprender, e eles, apesar da relutância inicial, fizeram uma relação das aprendizagens necessárias, naquele momento, para o casal, para a família como um todo e para cada um dos cinco, individualmente. Não precisaram retornar na segunda sessão e, por alguns meses, deram-me notícias do que foram introduzindo na suas vidas.

MINUCHIN e NICHOLS[27], renomados e experientes terapeutas de famílias, em várias ocasiões, relembram que muitas famílias curam-se (resolvem os conflitos existentes) enquanto esperam na lista de espera para serem atendidos. Isso ocorre porque as famílias possuem em seu interior todos os ingredientes necessários para resolver as questões. Isso nos leva a avaliar dois aspectos: o primeiro é que todo terapeuta deve respeitar o potencial de cura, de mudança, que todas as famílias têm; o segundo é que, se acompanharmos esse movimento, só dando elementos para que não saiam muito do seu rumo, seremos muito mais úteis do que se desqualificarmos a forma como elas lidam com suas dificuldades.

[27] MINUCHIN; NICHOLS.

2
FILHOS E PAIS

Continuo achando que ser pais é complicado, mas não tenho dúvida que ser filho é uma situação também muito sem saída. Isso, principalmente, porque: pais sempre sabem mais (pensam que sabem ou têm certeza disso); pais têm o poder de dar e tirar ao seu bel-prazer ou entendimento; pais só querem o bem dos filhos (o que eles pensam ou têm certeza de que e do que é o bem); pais transformam suas inseguranças em regras com uma rapidez que nenhum filho consegue acompanhar; pais têm argumentação para tudo (quando não têm, usam e abusam da experiência, preocupação, boa intenção, intuição ou de qualquer outro bom álibi).

Pais são cheios de bons álibis. É importante ficar claro que não estou falando dos maus pais: abusadores, agressores, insanos. Estou falando de nós, os "normais", os "neuróticos comuns". Somos cheios de bons álibis. Às vezes, os álibis são recrutados para nos protegerem; às vezes, para não cairmos na dor da culpa, da insegurança, do não saber o melhor caminho; muitas vezes, porque não temos a menor consciência de que fazemos isso.

Então, sempre que olho para os filhos, sejam os meus, os clientes ou os que passam por perto de mim na vida, sempre fico pensando sobre como poderíamos ser melhores pais. Entretanto, melhores no quê? Como?

Ser feliz para garantir felicidade

Quando alguém me procura, preocupado com a felicidade do seu filho (seja lá o que ele/ela quer dizer, seja lá qual a preocupação ou o sintoma), costumo dizer que a única receita que conheço para auxiliar a felicidade de um filho é ser pai, mãe e pais felizes. Isso pode parecer história da carochinha, mas não é não! Se os pais aprenderem a buscar sua felicidade, sua saúde, sua coerência, os filhos, inevitavelmente, irão buscar a sua. **Ensine sendo e aprenda fazendo** é um ditado verdadeiro para essa relação.

Inúmeras vezes, eu atendi pais que estavam para se separar e queriam uma fórmula de não deixar seus filhos infelizes com esse fato. Algumas vezes, consegui que eles compreendessem que, se fizessem a transição de forma a buscar seu próprio bem-estar, sua coerência, a responsabilidade por suas vidas, os filhos perceberiam isso e também buscariam seu bem-estar. Eles aprendem por ver e sentir o que acontece com os pais, muito mais do que pelos ensinamentos verbais ou pelas preocupações dos pais. Da mesma forma, são inúmeros os pais que têm preocupações com a saúde dos filhos, seus hábitos, mas continuam bebendo e fumando.

O pai de um adulto jovem, que não parava em seus empregos, cobrava, criticava e mostrava como ele tinha sido persistente no seu trabalho e, então, tinha o direito de exigir que o filho fosse igual. Ele ficou vexado quando lhe perguntei se persistência no trabalho era diferente de persistência nas tentativas de dietas para emagrecer, nas tentativas de parar de fumar e nas mudanças de religiões que ele havia feito.

Pais infelizes

Não há nada mais desorganizante para um filho do que pai, mãe ou pais infelizes. No filme ***Um Grande Garoto***[28], temos um exemplo do quanto uma criança pode atrapalhar sua própria vida, vivendo em função de fazer sua mãe feliz. Infelizmente, porém, isso não acontece só em filmes; é tremendamente comum e, o que é pior, raramente os pais têm consciência disso; na maioria das vezes, dizem que é para a felicidade do filho!

---

[28] UM grande garoto. About a Boy, Inglaterra, 2002.

Nas funções básicas familiares, a função parental[29] pressupõe que, aos pais, cabe a tarefa de cuidar do bem-estar dos filhos; quando essa equação é invertida, o filho sente-se responsável por resgatar o bem-estar ou a felicidade dos pais, ou de um deles, a impotência real gera ansiedade, insatisfações e sintomas. O filho não tem como mudar o funcionamento dos pais. Os pais podem e têm potência de mudar o seu próprio funcionamento e, assim, alterar o funcionamento dos filhos.

Uma mãe que se sentia impotente frente às ansiedades escolares e profissionais do filho, ao perceber que ele teria uma etapa difícil dali a dois anos, passou dias pensando como evitar o caos que isso poderia trazer. Reorganizou-se nas suas próprias dificuldades e delegou ao filho a responsabilidade de aprender, nesse tempo, maneiras mais adequadas de lidar com sua energia, com sua ansiedade. Dessa forma, ao chegar o período difícil, ele já teria instrumentos para enfrentar, adequadamente, o que seria inevitável: competição, provas, angústias, incertezas. Ela ensinou, abriu caminhos, ao invés de, sozinha, preparar-se para suportar. A mudança foi no funcionamento dela, e o filho acabou mudando o seu.

Um outro exemplo é o de uma menina de oito anos que se queixava de medo e ia dormir todas as noites na cama dos pais. A mãe, com a desculpa de que ficava apertado, ia dormir na cama da filha. Quando lhe perguntei sobre a relação com o marido, disse que estava tudo bem. No entanto, quando lhe perguntei, hipoteticamente, sobre quais queixas ela teria dele e sobre como poderia estar usando a filha nesse jogo, ela enxergou que tinha reclamações sobre o relacionamento afetivo com o marido, mas que jamais explicitara isso.

Levantamos, então, a possibilidade de que, ao reclamar que o marido aceitava, passivamente, as vindas da filha, ela estava mantendo a situação de forma a poder continuar reclamando dele, mas sem falar o que, realmente, estava lhe incomodando. Ao trabalhar suas infelicidades e insatisfações conjugais e relacionais, ela pode colocar os limites necessários à filha.

Numa família que atendi, a mãe não assumia seus desejos; dizia que qualquer coisa estava bom. Presentes sempre agradavam; sempre

---

[29] Ver **Espaço familiar**, Subsistema parental. p. 70.

aceitava o que os filhos argumentavam; não fazia escolhas. Isso era o que demonstrava verbalmente e nos comportamentos, mas o filho tinha a sensação de nunca agradar. Após um longo trabalho, para enxergar como, no dia a dia, esses fatos concretizavam-se, a mãe pode se decidir a fazer alterações. Primeiro, precisou descobrir suas sensações, suas preferências, seus desejos, as emoções e sentimentos que as pessoas e os fatos desencadeavam nela. Só a partir disso, começou a explicitar os desejos e as insatisfações ou alegrias. O filho, então, passou a ter dados de realidade sobre o que acontecia na relação deles e começou a se trabalhar para explicitar seus desejos e as possibilidades de satisfazer, ou não, os desejos da mãe.

Ter consciência e assumir os "maus" sentimentos

Quando os pais esforçam-se demais para me provar (para os outros ou para si mesmos) que só têm boas intenções, que estão fazendo o melhor e outras explicações do gênero, e eu enxergo que eles estão evitando ou fugindo de olhar também os seus erros, as suas dificuldades, costumo desafiá-los, provocá-los. Pergunto: "Se acaso um dia quisessem se vingar dos seus filhos, sacaneá-los, o que, hipoteticamente, poderiam fazer?"

Esse desafio, ou essa provocação, na maioria das vezes, leva os pais a fazerem contato com sua raiva, sua frustração, sua impotência. Em alguns casos, vão mais adiante e entram em contato com as formas encobertas que usam no dia a dia para atuar esses sentimentos sobre os filhos. Tais sentimentos, fantasias e impulsos existem e são inevitáveis. De um modo geral, a cultura, a família, os profissionais ajudam os pais a mantê-los escondidos, gerando culpa, dor e novos encobrimentos.

Lembro de um pai de dois meninos, de sete e nove anos, que era muito agressivo no contato com eles. Sempre se explicava, dizendo que as crianças da atualidade estavam muito mal-educadas, e que ele não queria seus filhos assim; queria que tivessem bons modos, boas maneiras, fossem obedientes e tudo mais que bons pais querem para seus filhos. Num dia em que estávamos avaliando tais comportamentos, ele falou da raiva que tinha da mãe das crianças, que os tratava como bebês ou "mariquinhas", e de como ela ficava magoada quando ele os tratava como homens. No momento em que falou, ele mesmo percebeu a possibilidade de estar sendo excessivamente agressivo com os filhos como forma de atingir a esposa.

Poder assumir os "maus" sentimentos que temos pelos nossos filhos ajuda a diminuir a intensidade deles e a lidar de uma forma mais explícita e útil com as emoções, frustrações e sabotagens do dia a dia.

Lembro-me de uma família, em que a filha de 18 anos fora morar com o namorado como forma de se rebelar contra a não-aceitação do mesmo pela família. O pai rompera com a filha, não lhe dando dinheiro, não conversando com ela, dizendo que não era mais seu pai. Foi necessário algum tempo para que o pai percebesse sua dor, sua tristeza, sua frustração por sua "princesinha" ter escolhido um rapaz tão fora dos padrões para se envolver. Só depois de ele fazer contato com suas emoções, de explicitar a dor e a raiva, pude começar a trabalhar com ele no sentido de descobrirmos outras formas de lidar com a situação, além do rompimento. Quando ele estava nesse processo, a filha, não se sabe bem por que, resolveu voltar para casa e aceitar alguns limites e regras.

"Melhores" pais

Não tem receita para ser bom pai, mas existem parâmetros de "boa gente". Pessoas funcionais podem ter relações funcionais com seus filhos e criar filhos mais funcionais. Os pais que, individualmente, empenham-se na tarefa de vida de ter cada vez mais consciência do seu funcionamento (o **quê** faz, **para quê** faz, e não só **por quê** faz), ter mais clareza do que faltou aprender ou precisam ainda aprender, ter mais coragem em realizar as mudanças necessárias, estarão mais aptos a acompanhar o desenvolvimento da consciência, as aprendizagens e as mudanças dos seus filhos.

Há muitos anos, um casal perguntou-me como poderiam ser melhores pais. Pela minha inexperiência, ou pela insistência incisiva deles, aceitei fazer uma lista, uma "receita" de como ser uma boa família. Guardei essa relação e, de quando em quando, voltava a lê-la. Algumas vezes, achei-a ridícula; outras vezes, simplista; outras, interessante. Hoje, acredito que são itens importantes se forem bem usados (e não forem usados como "o roteiro", "a verdade", "a salvação").

Tal lista englobava vários aspectos das relações familiares, desde ser um casal ser feliz até auxiliar os filhos a seguirem seus próprios caminhos. Era, aproximadamente, a seguinte:

- o casal havia tido o propósito de criar uma família quando iniciou a vida em comum;
- o casal decidiu construir a família, ou seja, esforçou-se para efetivar seu propósito inicial;
- o casal tinha um objetivo comum ao constituir a família;
- o casal conseguiu se libertar das influências das famílias de origem;
- o casal consegue separar pessoas de comportamentos;
- o casal sabe que conflitos são positivos, se bem usados;
- o casal descobriu formas de solucionar seus conflitos, "desatando os nós sem desfazer os vínculos";
- o casal consegue dar espaço para satisfazer as necessidades individuais, necessidades de casal e necessidades de desenvolvimento familiar;
- o casal expressa os sentimentos;
- o casal responde à expressão de sentimentos dos outros membros da família;
- a família respeita a necessidade de isolamento e solidão dos seus membros;
- todos têm responsabilidades e tarefas na organização familiar;
- todos aprendem a ter consciência e controle dos comportamentos e da expressão de frustração;
- todos aprendem a escolher e responsabilizar-se por escolhas e atos;
- todos possibilitam a checagem de competências e limites;

- todos podem, ou não, participar das confraternizações familiares;
- todos podem se separar da família;
- todos respeitam a necessidade de amor e afeto de cada membro da família;
- todos sabem aceitar as formas diferentes de expressão de afeto;
- todos respeitam a necessidade de apoio e segurança de cada um;
- todos aceitam a necessidade de cada um ser respeitado;
- todos têm facilidade em dizer não e colocar limites;
- todos compreendem a necessidade de desafio;
- todos orientam sem impor;
- todos respeitam a necessidade de autodeterminação e liberdade;
- todos sabem usar o senso de humor.

Aceitar o filho real

Entre as dificuldades de ser pais, uma das mais significativas é lidar com a própria incompetência. Assumir para si mesmos que existem coisas que não se sabe fazer, decisões que não se sabe tomar, ensinamentos que não se aprendeu como desencadear. É mais difícil assumir para si mesmo que assumir para os outros. Assumir para os outros possibilita, ao mesmo tempo em que se assume, arranjar uma explicação, uma boa desculpa, algo que mantenha o respeito dos outros. No entanto, assumir para si que não sabe exige humildade, responsabilidade e amorosidade.

Uma psicóloga, que trabalhava com casais grávidos, engravidou. Cada vez que alguém lhe dizia que ela deveria ser uma grávida e mãe perfeitas, ela respondia dizendo que sabia que jamais seria perfeita e que tinha clareza de que cometeria erros. Muitos anos, muitos acertos e erros e muitas horas de terapia depois, ela pôde assumir pra si mesma que sempre teve a pretensão, a esperança e o desejo de ser uma grávida e mãe perfeitas. Também pôde enxergar os estragos que fez, que teve, até ter humildade para perceber que muitas das dificuldades poderiam ter sido evitadas se ela tivesse se dado conta de que estava mantendo uma forma de perfeição para si mesma.

Filho real

Aceitar o filho tal qual ele é pode ser uma forma de aceitar e assumir as suas próprias competências e incompetências reais.

Isso implica em aceitar os dados que a realidade lhe dá, em aprender a lidar com as diferenças e com os conflitos. Um filho, assim como todas as situações de vida, traz possibilidades de aprendizagem e de crescimento.

Um senhor de 73 anos, que conheci num workshop de meditação, dizia-me que levou 60 anos para aceitar os filhos que tinha e poder aprender com a forma de ser de cada um. Só assim, pôde avaliar o que poderia ter aprendido, ter reformulado se tivesse aceitado a realidade mais cedo. Ele era um professor universitário, que qualificava muito a vida acadêmica, o estudo, a erudição. Teve três filhos, que não queriam seguir seus passos. Escolheram profissões, ocupações e atividades que ele não respeitava e, portanto, não aceitava. Sempre criticou, sempre tentou mostrar para os três que suas escolhas não eram inteligentes, rentáveis, respeitadas. Aos poucos, os três foram se afastando, fazendo seus caminhos sem compartilhar, sem discutir com ele.

Quando ele tinha já quase 60 anos e uma vida repleta de diplomas, títulos e respeito, soube que sua filha caçula estava com câncer terminal. Ele decidiu procurá-la e ficou pensando em como convencê-la a procurar outro médico, como convencê-la a mudar para a casa dele para poder cuidar dela, em como convencê-la de que as coisas e as formas que ela fizera na vida tinham sido erradas. Quando chegou ao prédio em que a filha vivia, o rapaz que era seu companheiro esperava-o na entrada. Foi gentil, educado (apesar da secura com que o senhor o tratou), mas completamente assertivo ao lhe perguntar para que viera. Seguiu dizendo que, se fosse para criticar, apontar os erros, tentar convencer a filha de alguma coisa, não deveria subir ao apartamento; se subisse e fizesse isso, ele o tiraria de lá. O meu conhecido disse que, por ter sido pego de surpresa, não esboçou gesto algum; só ficou olhando para o rapaz, que prosseguiu, dizendo que a única possibilidade de deixá-lo subir seria se ele estivesse disposto a enxergar sua filha com olhos sem crítica, olhando só o que ela tinha de diferente, de bom.

Ele não sabe dizer o que foi que mudou dentro dele, mas subiu junto com o rapaz e aceitou suas dicas e seus direcionamentos. Nesse dia, começou a olhar os filhos como pessoas, diferentes, sem os valores que ele tinha e achava certo, mas procurando ver o que tinham, o que eram, quais eram suas riquezas e quais eram as possibilidades de aprender com eles.

Impotências reais

Outra questão que desenvolve uma série de comportamentos disfuncionais acontece quando os pais não conseguem lidar com as impotências e dificuldades reais do filho. Isso é mais claro de se ver quando o filho apresenta alguma deficiência ou dificuldade explícita, mas pode ocorrer em todas as situações. Um exemplo é o comportamento de superproteção, em que se ama a sua ideia e não a criança real.

Atendi uma mãe que queria que eu resolvesse o problema do seu filho e contou que eu era a 17ª psicóloga a quem ela levava o menino. Ele tinha 13 anos e tinha sido adotado com poucos meses, pelo casal que não tivera filhos. Na época da adoção, o pai tinha 78 anos e a mãe 60, e a principal razão da decisão de adotarem uma criança fora para ter alguém que ficasse com os bens do pai e seguisse seu caminho. O pai havia sido médico, aviador militar e escritor. A mãe desejava que o filho fosse médico, aviador, escritor e administrasse muito bem o que herdaria. Só que o menino, seja por deficiências genéticas, seja por dificuldades emocionais, seja por outras razões, não possuía inteligência, habilidades ou interesses que indicassem que ele poderia seguir o caminho do pai. Todas as psicólogas anteriores que avaliaram o menino e apresentaram o prognóstico foram rapidamente abandonadas. Fiz o trabalho inicial com a mãe, para ela poder enxergar e aceitar os limites do filho e possibilitar outros caminhos para ele. Só depois, trabalhei com ele para que desenvolvesse o que podia desenvolver.

Muitas vezes, não vemos o filho em realidade; vemos o que ele representa para nós; vemos o que gostaríamos que ele fosse; vemos só o que ele tem, que é parecido com seu pai ou sua mãe e do que não gostamos. Ver de verdade o filho é vê-lo com suas idiossincrasias, o bom e o ruim, o seu potencial.[30]

Os filhos desta geração, filhos do que chamo de "pais super produtores", têm certeza do seu direito de receber, receber tudo

---

[30] GAIARSA, J. A. **A família de que se fala e a família de que se sofre**. São Paulo: Ágora, 1986. p. 46.

pronto, receber sempre mais. É uma distorção da época disque-entrega, mas é também uma disfunção dos pais, que acabam dando mais do que podem ou do que devem.

GAIARSA[31] dizia, já nos anos 80: "Pais, cobrem dos seus filhos por tudo que vocês dão e fazem por eles." Isso pode parecer uma ideia esquisita, mas serve para reflexão nas situações em que os pais dedicam-se, sacrificam-se pelos filhos e, em troca, consciente ou inconscientemente, exigem que os filhos sejam o que eles desejam. Explicitar o que se faz, os limites, o contrato das situações ajuda os filhos a serem responsáveis e a ousarem ser diferentes do que os pais querem.

Preferências

É comum pais terem preferência por um dos filhos. É muito comum esse fato gerar culpa, um esforço enorme para esconder essa preferência, que acaba gerando mais dificuldades ainda. Ter preferências de contato, de conversas, de atividades com um ou outro filho é natural, pois as pessoas são assim mesmo. Explicitar e esclarecer quando o assunto surge, como algo natural, e não como um ato de rejeição aos outros filhos, traz para o seio da família uma aprendizagem a respeito de lidar com diferenças e divergências.

A saída para essas dificuldades é a família aprender a lidar com a sua potência real, com a dos filhos, a dos pais; é o treinamento de lidar com as diferenças de funcionamento, de aparências, de desejo. Os confrontos familiares são importantes, na medida em que trazem à tona as diferenças pessoais e abre possibilidades de lidar, concreta e amorosamente, com elas.

---

31 Ibid., p. 53.

Autoritário ou com autoridade?

As formas de se exercer autoridade variam de pessoa para pessoa, mas cabe sempre a reflexão sobre o **porquê** e o **para quê** dos atos de autoridade. A geração passada viveu sob o domínio e o medo da autoridade; a geração atual vive sob a crítica da autoridade. Entre essas duas forças, os pais caem num autoritarismo desnecessário, caem numa falta de limites e orientação ou ficam oscilando entre um e outro, sendo corroídos pela culpa, pela insegurança, pela sensação de que nunca vão acertar. Todas as vivências de poder, controle, autoridade que os pais tiveram na sua história determinam, de maneira inconsciente, a forma que exercerão sua autoridade.

Os "pais autoritários" impõem muitos limites e esperam obediência estrita da criança, sem lhe dar explicações. Os pais "com autoridade" impõem limites, mas são consideravelmente mais flexíveis; eles dão muitas explicações e muito carinho aos filhos, sem caírem no mando deles.[32]

Perceber essa diferença faz muita diferença. Conheci muitos pais, mesmo cultos, mesmo terapeutizados, que não conseguem enxergar com clareza essa diferença. Tal dificuldade é inerente à forma como cada pessoa viveu, na sua infância e na sua história, a clareza ou a confusão entre essas duas formas de exercer o poder na relação com os filhos. Pesquisas sobre crianças em idade pré-escolar

[32] GOTTMAN, J.; DeCLAIRE, J. **Inteligência emocional e a arte de educar nossos filhos**. Rio de Janeiro: Objetiva, 1997. p. 33.

verificaram que os filhos de pais "autoritários" costumavam ser mais conflituosos e irritados, enquanto os filhos de pais permissivos eram impulsivos e agressivos, inseguros e pouco realizados. Por outro lado, os filhos de pais "com autoridade" tinham mais boa vontade, eram mais seguros, enérgicos, simpáticos e ambiciosos.[33]

Eva REICH e Eszter ZORNÀNSZKY[34], no seu magnífico livro ***Energia Vital Pela Bioenergética Suave***, trazem algumas situações ligadas a castigo, repressão, efeitos da autoridade mal exercida que, realmente, devem nos levar a refletir sobre essa questão.

> Até hoje as crianças são castigadas com surras. O pai que castiga considera-se um Deus – uma criatura assustadoramente sádica, eu diria, neochauvinista. Ele se considera responsável pela saúde emocional de seus filhos e, por essa razão, acha indispensável surrá-los todos os dias, "porque senão eles não terão conserto".[35]
>
> No meu trabalho terapêutico com pais que batem, faço com que eles se lembrem da dor que lhes foi imputada na infância para repeti-la e trabalhá-la. Apenas a partir desse momento, crescem as chances de os pais mudarem seu "programa de vida" com os próprios filhos.[36]

Disciplina

A disciplina é necessária e importante. Horários predeterminados para as refeições, nos quais a família sabe que vai se encontrar; contratos e acertos sobre avisar se saiu e aonde foi; rotinas de arrumação e organização das tarefas domésticas, quando não se tem quem faça; regras de como usar os bens comuns são algumas formas de disciplina e organização. Certamente, essa disciplina pressupõe

---

[33] Id.

[34] REICH, E.; ZORNÁNSZKY, E. **Energia vital pela bioenergética suave**. São Paulo: Casa do Psicólogo, 1998.

[35] Ibid., p. 103.

[36] Ibid., p. 104.

bom senso! Seria um erro fazer questão absoluta de certos horários, de certas regras, sem lógica relacional ou organizadora; só para exercer o poder.

Organização

Um dos pontos importantes para a definição de autoestima é aprender a viver num mundo organizado, no qual a criança passa a ter consciência do que pode e vai acontecer, do lugar das coisas, dos direitos e deveres; assim, pode treinar o desenvolvimento do seu próprio poder pessoal.[37]

Se as crianças, desde pequenas, forem acostumadas com horários, fluxos e organização, saberão aceitar os limites inevitáveis da vida social e familiar. Por exemplo, é importante deixar claro para os filhos a necessidade e o direito que os pais têm de tempo, espaço e relacionamento com outras pessoas. Os pais não devem ser escravos dos filhos, da mesma forma que não devem impor regras desnecessárias. Deveria haver uma "democracia" nos relacionamentos, e é possível explicar isso de maneira simples à criança. Os pais devem saber do que os filhos gostam e com quem gostam de estar; devem possibilitar isso da mesma forma como devem exercer o direito de vida pessoal prazerosa.

Sem organização e disciplina, os filhos correrão riscos reais. O dia a dia da vida moderna exige que as pessoas saibam lidar com o estresse e os riscos reais. Os pais só vão poder treinar seus filhos se lhes ensinarem a discriminar situações, a se responsabilizar pelos seus atos, a avaliar antes de fazer, a confiar na sua intuição, sem perder o contato com a realidade. Tudo isso está incluído no uso da autoridade sem autoritarismo.

Sem autoridade e disciplina não é possível preparar os filhos para a realidade da vida fora da família. Essa é uma tarefa dos pais: dosar a disciplina com conversas, explicações e concessões adequadas à idade, ao contexto e às circunstâncias.

---

[37] Ver **Como as coisas passam**, Autoestima. p. 40.

O autoritarismo não dá espaço para desejos, preferências e competências individuais. A regra é a regra, sempre e para todos. Pais que foram criados dessa forma terão mais dificuldades em flexibilizar as regras, em criar novas definições e adequar os limites necessários às circunstâncias novas.

Responsabilidade

Um produto da educação com autoridade e flexibilidade é o desenvolvimento da responsabilidade. A responsabilidade desenvolve-se desde os primeiros dias do bebê. Pais que assumem suas tarefas, suas dificuldades, sem depositá-las no parceiro, estão plantando as sementes de filhos responsáveis. Responsabilidade significa ter consciência do seu desejo, ter opções de escolha, fazer sua escolha e aceitar as consequências e os resultados dela. Crianças superprotegidas não têm clareza dos seus desejos; crianças tratadas com autoritarismo não têm opções de escolha; crianças acostumadas num ambiente em que todos usam álibis para se defender, ou depositam nos outros a culpa dos fatos, não estarão preparadas para aceitar e assumir as suas consequências.

Liberdade

Pelo uso adequado da autoridade, os pais definem regras e limites; assim, organizam a vida dos filhos. Isso possibilita que os filhos aprendam a fazer escolhas, a se autorregular, a se responsabilizar. Assim, conforme crescem, os pais podem diminuir o cuidado e o controle, à medida que os filhos aumentam sua autonomia e liberdade.

Sempre digo para as famílias, especialmente para as que têm filhos adolescentes, que liberdade se ganha após prova de competência. As discussões dos filhos sobre os seus direitos à liberdade – porque acham que deve ser assim, porque os amigos têm, por hábito de discordar – nem sempre levam a decisões funcionais. Todos têm esses direitos; cabe aos pais definirem as habilidades que seus filhos devem ter para adquirir cada novo degrau na liberdade, e cabe aos filhos mostrar, concretamente, essas competências.

Um conhecido meu, um encantador garotinho de 12 anos, não entendia por que não podia ficar sozinho no apartamento quando os pais viajavam. A mãe exemplificou, concretamente, através dos comportamentos do filho, o que não a deixava descansada com relação a ele ficar sozinho em casa: portas abertas quando chegava em casa, chaves perdidas, roupas e objetos deixados na casa dos amigos ou em locais aonde ia, luzes, aparelhos de televisão ligados por onde passava, entre outros. Combinaram, então, que ele teria um tempo para corrigir esses descuidos e, na próxima viagem dos pais, se ele estivesse mais cuidadoso, poderiam negociar.

REICH e ZORNÀNSZKY[38], falando em educação para a autorregulação, enfatizam outros caminhos além da educação autoritária. Creem que a humanidade seria mais pacífica se não obrigássemos a criança a certas tarefas, mas a inseríssemos nas decisões e a deixássemos crescer prioritariamente com decisões próprias. Uma certa disciplina é necessária, e isso é possível à medida que a proibição é acompanhada por uma explicação simples. Crianças tratadas dessa maneira aprendem rapidamente e não carregam todas estas mensagens negativas, como "você não vale nada", "você é apenas uma criança". Essas crianças são aplicadas, pacíficas e se dão bem com todo o mundo. Adaptam-se com facilidade e não são competidoras ferrenhas. Vivem com o mundo, e não contra ele; são pequenas personalidades. São claras; sabem o que sentem.

Individualidade

A forma de exercer a autoridade vai interferir em muitos setores da formação da criança. Entre eles, o desenvolvimento da individualidade, da criatividade, da reflexão e da escolha .

A criança percebe e desenvolve sua individualidade a partir do direito e da capacidade de afirmá-la, ou seja, a autopercepção depende da possibilidade da autoafirmação.

Afirmar-se implica a ideia de oposição e é uma declaração da individualidade perante forças ou situações que a negam. Quando

[38] REICH; ZORNÀNSZKY.

uma criança coloca suas ideias, e não abre mão delas, está experimentando fazer um posicionamento, uma autoafirmação. Conheci muitos pais que, nessas horas, sentem-se desafiados, agredidos, e vivem a situação como algo dirigido diretamente para eles. Eles sentem-se assim e acham-se no direito e na obrigação de se defender, de mostrar seu poder, impedindo o filho de experimentar, testar e aprender. Sem o direito de expressar a opinião própria, a individualidade é enfraquecida e a criatividade minada.

Autoconhecimento

A capacidade de conhecer a si mesmo depende da capacidade de dizer não. Nesse exercício, a criança é muito espontânea ao dizer não a alguma coisa de que gosta, sem prestar atenção ao que é, só exercitando o poder de dizer não.

Lembro-me de um pai que ofereceu ao filho um dos seus doces prediletos, num desses momentos de crise. Antes de ver o que era, a criança virou a cabeça, num gesto de rejeição; como o pai não insistiu, só ofereceu, ela deu uma olhada rápida, viu o que era e, após um momento de titubeio, agarrou o doce. Se o pai tivesse insistido, certamente a criança teria firmado sua recusa inicial e entrado num jogo de medir forças e de poder.

Nesse treinamento, a criança vai descobrir que se expressar, definir sua individualidade, dizer não, acontece num ambiente que, às vezes, vai lhe punir, frustrar, dificultar sua aprendizagem. Ela precisa aprender a introjetar tal sentimento de frustração, para poder refletir sobre seus atos e desejos e passar das reações impulsivas para os atos de reflexão e escolha.

Senso crítico

Exercer a autoridade, permitindo a expressão da individualidade, vai ajudar a criança a aprender como fazer escolhas e a lidar com os limites. Assim, ela adquire um senso de preferência: o que gosta, o que lhe dá prazer, o que escolhe não escolher ou adiar. Se ela aprende a ter preferências, a saber o que quer, desenvolve sua possibilidade de fazer críticas, que é a base para o discernimento. Sem um senso de preferência não há base para criticar.

É comum vermos adultos, que foram muito criticados na sua história, passarem a copiar as críticas e a criticar sem discernimento; a fazer crítica pela crítica. Com discernimento, a pessoa afirmará, com base nos seus sentimentos, se gosta ou não de determinada coisa. Saber se gosta ou não é um conhecimento subjetivo. Com base nele, podendo justificá-lo, isto é, fundamentando seu gosto em razões sensatas, mostrará senso crítico.

O risco é negarmos o discernimento da criança, impondo o nosso, dizendo do que devem gostar, justificando pelos nossos sentimentos e experiências.

Escolhas

Existem circunstâncias e momentos em que não é funcional deixar que a criança faça sua própria escolha: quando ela não tem competência para avaliar a situação, quando o momento não permite escolhas, quando os pais já decidiram o que é melhor ou não suportariam as escolhas que ela pode fazer.

Muitos anos atrás, quando ainda não eram comuns as lanchonetes e similares, assisti a uma cena na única loja da minha cidade que tinha essa facilidade. Uma mãe e seu filho de, aproximadamente, seis anos sentaram ao balcão, e ela disse: "Viu, filho, como eu cumpro o que prometo! Trouxe você aqui para comer e beber o que você escolher." O menino fez a escolha no lindo cardápio que a garçonete lhe ofereceu: um sanduíche (do qual não recordo o nome, mas que tinha quatro fatias de pão, recheadas com muitas e muitas e muitas coisas, e batata frita acompanhando), um sundae de chocolate e um frappé de morango.

A mãe, muito rapidamente, retrucou: "Filho, esse não! O sanduíche é muito grande, e faz bagunça na hora de comer; desmonta e meleca. Escolha um cachorro quente que é mais prático. Para beber, é melhor um suco; o frappé é muito grande e gelado. Pode pedir o sundae que eu ajudo a tomar". Quando a garçonete saiu com o pedido, ela falou para o filho: "Viu como a mamãe é boazinha?"

Pais que "usam" os filhos

Quando os pais usam os filhos nas suas lutas um com o outro, as crianças também aprendem a tirar vantagem da luta de poder travada entre os pais, para elas mesmas conquistarem poder. As crianças aprendem a usar o poder, quando são magoadas pelos seus pais, quando há abuso de poder contra elas.[39]

Sempre que percebo que os pais usam os filhos como "bucha de canhão" na guerra que estão travando, não demoro a descobrir a forma que a criança encontrou de neutralizar tal guerra e ficar na posição de conseguir o que quer.

Uma menina de oito anos contou-me como aprendeu que certas coisas deveria pedir para o pai (aquelas que a mãe desaprovaria) e outras deveria pedir para a mãe (aquelas que o pai desaprovaria). Ela descobrira que, independente do que cada um deles achava, sempre permitiria o que desagradasse ao outro parceiro.

Assim como era o abuso do poder

Muitos pais descarregam nos filhos suas hostilidades contra seus próprios pais, as quais não ousaram expressar quando eram crianças. Uma das formas mais simples de fazer isso é dar uma ordem que a criança deve obedecer sem questionar.[40]

A autoridade dirige, mas o poder controla. O poder representa a capacidade de impor sua vontade. A pessoa com autoridade é respeitada; a pessoa com poder é temida e obedecida. As crianças são muito sensíveis à manipulação de poder até, por sua vez, aprenderem como também manipular.[41]

O abuso de autoridade dos pais, o autoritarismo, pode gerar filhos completamente inábeis, por ficarem contidos, congelados de medo, ou pode gerar filhos que aprendem a abusar da autoridade e serão pessoas e pais abusadores, autoritários e hostis.

---

39 LOWEN, A. **Medo da vida**. São Paulo: Summus, 1986. p. 203.

40 Id.

41 Ibid., p. 216.

Birra e poder

A birra é uma das formas que as crianças têm de experimentar os limites, testar a autoridade dos pais para poder se situar na sociedade em que vivem. Os pais devem ter cuidado, pois podem estar alimentando a birra nas situações.

Assisti a uma cena no supermercado que é padrão nas famílias atuais: uma mãe atarefada, fazendo compras com seu filho de, aproximadamente, cinco anos; ele resolve querer levar algum produto, ela diz que não, e ele começa a chorar, sapatear, gritar. A mãe explica, justifica e quanto mais ela fala, mais ele grita. As pessoas passam e olham desaprovando; alguns condenando o filho, outros condenando a mãe.

A mãe olha para o filho, olha para as pessoas, parece que vai bater na criança, parece que vai chorar junto com o filho. Após alguns instantes, ela larga o carrinho com as compras, pega o filho com força, avisa a funcionária do caixa que voltará e vai embora com ele. Fiquei pensando que talvez essa fosse uma forma de não ceder às cenas do filho, possibilitando novas aprendizagens.

Culpados e relapsos

Culturalmente, passamos uma fase em que os adultos eram culpados por tudo que acontecia com as crianças, de uma forma culpabilizante e linear; uma fase em que todos os sintomas infantis eram selados por "psicologismos". Por exemplo: se a criança fazia xixi na cama, era porque os pais não lhe davam carinho suficiente; se ela gaguejava, era porque precisava chamar atenção dos pais omissos e ausentes; se ia mal na escola, era porque a companhia materna e paterna não estava sendo agradável ao pequeno. Certos da sua culpa, e para se verem livres da tonelada de peso que psicólogos, escola, meios de comunicação punham-lhes nas costas, os pais passaram a permitir que as crianças fizessem de tudo, atendiam todas as suas vontades.

Num manual para pais, li uma historieta que lembra esse assunto: os pais tinham definido algumas normas para seus filhos; porém, ao lhes passar as regras, explicaram tanto, justificaram tanto, desculparam-se tanto, que um dos filhos encerrou o assunto, dizendo "Nós vamos fazer o que vocês pediram, mas parem de pedir desculpas, por favor!".

Essa confusão entre direito de impor suas ideias e receio de prejudicar o filho acabou por fragilizar a postura dos pais; eles passaram a não ter mais autoridade e a não poder dar o que as crianças mais precisam: limites. Pais que amam seus filhos, e que assumem sua tarefa de orientadores, organizadores, educadores, darão limites a eles, para que aprendam a lidar com dados de realidade, a aceitar e a questionar as dificuldades das relações e do dia a dia, a se adequar às regras e normas, a lidar, satisfatoriamente, com as frustrações inevitáveis do mundo adulto.

Conflitos conjugais

Virginia SATIR[42], uma das pioneiras da Terapia Familiar, dizia que o casal é o arquiteto da família. Hoje, todos os terapeutas e estudiosos de família estão de acordo com isso. Então, o que acontece quando os arquitetos resolvem balançar as estruturas da construção? Balançam todas as peças. Com isso, eu quero dizer que, quando um casal passa por (ou vive) crises conjugais, é inevitável que os filhos e toda a família percebam, sintam e ressintam-se. No entanto, sempre existem formas, fórmulas e cuidados possíveis e necessários para proteger os filhos contra os efeitos negativos dos conflitos conjugais. Não existem receitas infalíveis, mas existem formas menos prejudiciais.

Culpa e responsabilidade

Um dos grandes álibis dos pais em conflito conjugal é de que o outro cônjuge é o mais culpado; não é um bom pai/boa mãe; de que não adianta um mudar, se o outro não acompanha. Muitas vezes, frente a tal recusa em assumir sua própria responsabilidade, já perguntei ao pai ou à mãe se, no caso do outro morrer, ele ou ela devolveria (e para quem) os filhos, já que a tarefa é só conjunta! Quem realmente quiser vai começar a tarefa; se o outro vai ou não acompanhar é um detalhe que poderá ajudar ou dificultar. Se os pais puderem ter clareza de limites, papéis, funções diferenciadas do seu subsistema conjugal e do subsistema paternal, poderão isolar seus conflitos conjugais nos momentos de proteger os filhos, e estes lucrarão muito, emocional e relacionalmente.[43]

---

42 SATIR.

43 Ver **Espaço familiar**, Funções dos subsistemas familiares. p. 69.

Há alguns anos, acompanhei a separação de um casal, em que a mulher, ao perceber seu impulso de criticar o ex-marido para os filhos, aprendeu a se conter e separar o que era da sua relação com ele e o que era da relação dele com os filhos. Essa compreensão foi de grande importância nos momentos críticos da relação do pai com os filhos, inevitáveis em qualquer relação pais e filhos. Se ela não tivesse tido aquela percepção, não teria tido clareza da sua função de mãe, separada das questões de ex-mulher.

Uma das situações foi quando os dois filhos resolveram que não queriam ir dormir na casa do pai, criaram muitas confusões e tinham muitas justificativas. Ela disse-me, com muita clareza, que teve o impulso de deixar que eles resolvessem, mas que também teve clareza de que, se fizesse isso, estaria se vingando do ex-marido, que sempre fora incompetente em resolver confrontos e conflitos. Era a sua chance de deixá-lo se arranjar e de mostrar mais uma de suas falhas; mostrar isso para os filhos e para o mundo.

Entretanto, ela conseguiu ter discernimento e enxergar que os filhos precisavam manter a relação com o pai e ter a sua companhia, apesar das dificuldades desse pai; eles precisavam aprender a lidar com o pai, a lidar com as dificuldades dele e com as suas próprias. Assim, não só ela não deu força para a revolta dos filhos, como expôs, para eles e para seu ex-marido, que estava de acordo com ele e faria sua parte para que os filhos continuassem dormindo na sua casa, tendo que enfrentar e resolver as situações conjuntas.

Emoções do casamento

Para começar a ter clareza do que está afetando os filhos, é necessário que os pais trabalhem a emoção em seu casamento. Trabalhar a emoção começa em ter consciência do que sente, do que faz com o que sente e dos efeitos dos seus atos sobre si e sobre os envolvidos.

Uma mulher que havia sido muito traída pelo marido durante o casamento, e que ainda não tinha superado a raiva, a mágoa e o medo, no processo de separação, colocava-se sempre muito preocupada com os filhos, com receios de que o pai também os traísse e magoasse. Ela relutava em aceitar cada uma das decisões; sempre queria avaliar novamente, não aceitava a palavra do pai e criava uma série de dificuldades.

Só percebeu o que estava acontecendo quando o advogado lhe perguntou se o ex-marido tinha sido mau pai, se já havia lesado algum dos filhos, se havia magoado algum deles. Ao responder que não, que ele sempre fora um pai dedicado, interessado, presente e amoroso, percebeu seu desejo de completar dizendo: "Muito diferente do que foi como marido!" Então, percebeu como seus sentimentos estavam sendo depositados na relação dos filhos com o pai.

Há muitos anos, numa revista feminina, li a receita de como não prejudicar os filhos numa briga ou separação. Era mais ou menos assim: "Não criticar, não desdenhar, não mostrar só os erros, não apontar nos filhos o que critica no cônjuge, não ser irônico e mordaz." Acredito que todas as dicas continuam valendo.

Uma moça de 24 anos que acompanhei contou-me que, desde que seus pais se separaram, quando ela tinha dez anos, sentia-se duas pessoas. Quando estava com o pai, era criticada por ser parecida com a mãe e ficava se esforçando para não demonstrar suas características semelhantes à mãe; quando estava com a mãe, era criticada por ser parecida com o pai e ficava querendo não ser assim. No final, não sabia quem realmente era; enxergava coisas parecidas com o pai e coisas parecidas com a mãe; sentia-se má, sendo parecida com o pai ou com a mãe; não conseguia agir sem se sentir inadequada.

É muito importante lembrar que aquela pessoa por quem, num dado momento, você sente muita raiva, tem mágoa e vontade de vingança, é uma pessoa muito importante na vida do seu filho, tão importante quanto você. É muito devastador ver alguém atacar e destruir uma pessoa que se ama e que não se pode defender (porque não tem elementos, porque não tem coragem ou porque tem medo).

Um menino de 7 anos só começou a se livrar dos seus sintomas quando conseguiu dizer para a mãe, numa sessão de terapia de família, o que acontecia toda vez que a mãe atacava o pai e mostrava-lhe como ele era ruim, como fazia tudo errado. Seu desejo era ser leal com o pai e explicar para a mãe que ele não era ruim; dizer que amava o pai e que sofria com tanta destruição. Como não conseguia, sentia-se desesperado, tinha vontade de sumir, matar-se, e começava a fazer sintomas.

Outro mau hábito dos casais em crise é usar o filho como arma nos conflitos conjugais. Eu chamo de usar o filho, seus sintomas, suas dificuldades, suas habilidades como "bucha de canhão". O filho fica sem defesa alguma e sai da situação vendo perdas dos dois lados: daquele que o usa, pois é sinal de falta de respeito usar alguém, e daquele que foi o foco, pois corre o risco de ser retaliado por ele. Já vi muitas formas de se usar os filhos; algumas sem consciência, outras vezes com consciência e com intenção!

Uma mãe colecionava "provas da culpa do pai". Como ela mesma dizia, a filha precisava de psicólogo por culpa do pai; os filhos lhe diziam que estavam tristes com a separação por culpa do pai; eles não queriam sair com o pai por culpa dele; eles estavam com dificuldades na escola por culpa do pai e assim por diante. Outra forma de usar os filhos é mandá-los fazer coisas que incomodam o outro cônjuge ou trazem à tona suas dificuldades: telefonar em horas impróprias, pedir coisas, falar coisas inadequadas, entre outras.

Outra possível confusão é deixar o filho envolver-se ou exigir que ele se envolva (eu diria que o filho só se envolve na briga dos pais se for chamado de alguma forma: explícita, encoberta, manipulatória, consciente ou não) nas brigas e dificuldades do casal. Isso não é do seu departamento, ele não tem tarefa de cuidar ou decidir a vida dos pais. O filho não deve ter o poder de definir questões dos pais. É uma inversão hierárquica que só traz danos para a estruturação do jovem ou da criança.

Foi encaminhada para mim uma moça, de 16 anos, com sintomas sérios de depressão. Já no primeiro encontro, ela relatou que estava assim desde que o pai saíra de casa. Relatou, ainda, uma cena difícil, em que os pais brigaram seriamente; ela meteu-se na briga e acabou mandando o pai embora de casa. Ele reagiu agressivamente, dizendo que ela não mandava na casa, mas a mãe aceitou a decisão da filha e, quando o pai ficou mais agressivo, ela e a mãe empurraram-no para fora e fecharam as portas.

Ele foi embora e não voltou mais. O casal divorciou-se, e ela não viu mais o pai. Por mais que ela justificasse as razões para ter agido daquela forma, mostrava também tristeza, culpa, arrependimento, dor, saudade. Eu tive certeza de que, inicialmente, ela precisaria perceber que fizera algo que não era da sua competência, que era muito pesado para uma filha fazer. Só depois, poderia rever sua relação com a mãe, a qual permitiu que ela fizesse o que fez. Então, poderia pensar sobre a relação com o pai e tentar refazê-la.

Comunicação e relações

Se os filhos acompanham as brigas, é útil clarear que os pais estão com dificuldades, mas que estão lidando com isso, que isso faz parte do trabalho de manter a relação em crescimento. Não se pode esquecer de também mostrar os momentos de harmonia e compartilhar com eles quando os problemas concretos forem resolvidos. Assim, os filhos aprendem a lidar com o fluxo dos acontecimentos e das mudanças; aprendem que a vida tem bons e maus momentos.

Numa sessão de terapia de família, os pais surpreenderam-se com a queixa dos filhos: quando eles estavam com dificuldades no casal, compartilhavam os problemas e sentimentos ruins com os filhos, falavam muitas coisas, contavam muitas histórias; porém, quando eles estavam bem como casal, não só não contavam que estavam bem, como não tinham tempo para conversar com os filhos, e nada circulava.

Protegendo a criança

Quando o casal está passando por crises muito intensas, e os cônjuges estão completamente envolvidos nelas, é de bom alvitre criar redes de apoio emocional para os filhos: atenção extra dos avós, conversa e pedidos para professores e escola, facilidade do encontro com amigos e programas que, realmente, agradem e distraiam os filhos. Isso não significa fugir, esconder, evitar a crise, mas aliviar o estresse dos filhos; eles não estão no centro do conflito, mas não têm potência para sair do raio de ação dele, nem para encerrá-lo.

Conflitos conjugais e sintomas

Os terapeutas de família sabem e enfatizam sobre a importância dos conflitos conjugais no desencadeamento de sintomas dos filhos. Sabe-se que pessoas com autoestima reduzida fazem a escolha do cônjuge para, de alguma forma, conseguir ou melhorar sua autoestima. Sabe-se, também, que quanto mais baixa a autoestima, mais dificuldade a pessoa, ou o casal, tem para aceitar as suas diferenças e discordâncias. Casais funcionais discordam e negociam explicitamente; casais disfuncionais fazem demandas e acusações veladas, criticam e acusam sem explicitar seu desagrado ou desejo. Essas dificuldades e decepções conjugais influenciam o filho. Na maioria das vezes, desiludidos com o casamento, sem aumentar ou conseguir manter seu amor-próprio, usam o filho como prova do seu valor e competência perante a sociedade e a família externa, para provar que o filho gosta deles ou como uma concretização do que eles não puderam fazer.

Conheci uma família em que o menino tocava piano. Sempre que recebiam visitas, ele era chamado para mostrar seus avanços ao piano. Ele reclamava, fungava, gaguejava, piscava, chorava e acabava tocando. A cada música terminada, ele queria voltar para o quarto, mas a mãe ou o pai sempre queria mais uma. Um dia, perguntei para a mãe por que ela insistia com o filho; ela disse-me que ele adorava tocar piano e ela só estava sendo legal. Depois de alguns anos assistindo isso, perguntei ao menino, já um pré-adolescente, se ele gostava de tocar piano. Ele, primeiro, certificou-se de que eu não contaria para os outros; depois, disse-me que não gostava, que odiava, mas que o pai e a mãe tinham o desejo de tocar piano e não puderam por várias razões; então, ele "tinha" de tocar.

Treinar e aprender

Viver em família possibilita-nos usar as situações mais emergenciais para treinar as próprias dificuldades. Usar o treinamento da emoção na discussão dos problemas conjugais abre possibilidades conjugais e, melhor que isso, ajuda os filhos a ter essa aprendizagem.

Filhos que conviveram com pais que discutem seus sentimentos e suas dificuldades de forma clara, sem destrutividade, aprendem que altos e baixos fazem parte de uma relação de casal e que podem enriquecer a relação. Assim, quando eles forem escolher seus parceiros, levarão essa vivência em conta; da mesma forma, quando tiverem suas dificuldades como casal, saberão administrá-las de forma mais adequada.

Compartilhar com os filhos pode ampliar a relação deles com os pais, dar novos modelos; desde que seja compartilhar as suas emoções, e não detalhes sobre o que o outro parceiro fez. Fazer isso, ainda, sem depositar o ruim no filho, sem colocá-lo como juiz da situação.

Ficar ligado nos detalhes da rotina do filho ajuda a estar presente e a poder mapear mudanças, necessidades e sentimentos da criança em função do momento crítico pelo qual o casal e a família passam. Mapear seu rendimento na escola, conversar com os professores, observar seus momentos, com os amigos e quando está sozinho, são cuidados com o bem-estar do filho, já que é impossível não o envolver nessa fase familiar.

Filhos com culpas

Tendo em vista que os pais sempre têm alguma crítica aos comportamentos dos filhos, é comum que os filhos sintam-se responsáveis pela crise dos pais; isso pode trazer sentimentos e sintomas desnecessários. Por essas razões, é importante o cuidado de administrar o conflito conjugal sem que os filhos sejam responsabilizados pelos dificuldades dos pais. Os filhos sempre acham que podiam ter sido melhores, feito coisas de modo mais adequado e salvado a relação dos pais.

Em alguns casos, quando os pais casaram grávidos e colocam que só casaram, ou adiantaram o casamento, por essa razão, tendo de abrir mão de planos ou situações, os filhos sentem o peso da responsabilidade sobre a relação. Casar grávidos não é o problema; a responsabilização das perdas por isso é que traz o peso para os filhos.

Divergências e crise

É comum que os pais tenham divergências sobre a educação dos filhos, sobre valores, hábitos, rotinas, regras. O risco é que, no momento da crise conjugal, os pais façam uso dessas diferenças para atacar o parceiro ou seduzir o filho para a sua versão dos fatos.

Um casal contou-me que, numa das suas crises de casal, viveu uma situação de depositação das divergências no filho de uma forma que não tinha consciência, nem intenção. Na época de Natal, o filho de 12 anos fora convidado para passar o Natal na casa dos tios numa cidade do interior; como ele mostrou vontade de ir, os pais deixaram.

Todas as vezes que o menino falava pelo telefone com a mãe, ela entusiasmava o filho a ficar; salientava como seria bom; e dizia-se satisfeita com a independência dele, em não ter os compromissos rotineiros de arrumar casa para o Natal, etc. Todas as vezes que ele falava com o pai, ele dizia-lhe para voltar, se quisesse; contava que estava com saudades; falava sobre como era bom passar o Natal com a família. Cada telefonema era seguido de uma discussão leve e contida dos pais, justificando suas falas com o filho.

Três dias antes do Natal, o menino começou a ter diarréia e vômito, que foram piorando muito; nada, nenhum remédio ou cuidado fazia efeito. Na véspera de Natal, a tia ligou, dizendo que não podia continuar com aquilo, que o menino devia voltar para casa! Os pais tomaram as medidas para trazê-lo e, ao vê-lo tão debilitado, ficaram assustados, principalmente por ele não apresentar melhoras. Muita conversa foi necessária para que viessem à luz os sentimentos de todos os envolvidos, bem como a impossibilidade do filho em agradar aos dois pais ao mesmo tempo e seguir os seus desejos. Depois disso, ele começou a melhorar.

Doença dos filhos

Uma desculpa para uma série de confusões é o receio de que os filhos adoeçam ou sofram. Filhos sofrem com as dificuldades dos pais, estejam eles separados ou permaneçam eles casados. O que leva os filhos a fazer sintomas, a usar drogas, a adoecer não é a separação dos pais, mas sim o padrão de funcionamento da família, a forma como os pais relacionam-se entre si e com os filhos. Essa forma de relação independe do fato de eles estarem separados ou de viverem juntos. Os filhos adoecem para ter pais, e não para unir um homem e uma mulher. Eles estão pedindo a função de pai e mãe, e não o retorno da conjugalidade.

Seguindo adiante

Quando os pais se separam, os filhos têm de se adaptar a uma série de alterações; se os pais estiverem atentos, forem pais adequados e não usarem seus filhos nas suas lutas pessoais, podem os ajudar a aprender com as novas circunstâncias.

Uma situação que acontece com frequência é a dificuldade dos filhos do casamento que se desfez em aceitar novas relações afetivas dos pais. Os pais necessitam de bom senso nessa hora: respeitar a dificuldade dos filhos, mas sem abrir mão das suas necessidades; não apressar ou forçar o contato da nova pessoa com os filhos resistentes; não cortar ou diminuir o tempo com os filhos a partir da entrada da nova pessoa; não esconder que está envolvido com outra pessoa; não abrir mão de nova relação afetiva para agradar os filhos.

Outra situação comum é a dos filhos que passam a dormir junto com a mãe, na cama dela, a partir da separação. Esse comportamento é disfuncional em vários sentidos: criança precisa do seu próprio espaço; filho não deve ocupar espaços de parceiro; é um limite quebrado, que dificilmente será restabelecido; cada um dos envolvidos precisa lidar com sua dor e solidão.

Controle da ansiedade

Hoje em dia, é comum ouvirmos as pessoas, ou nós mesmos, contarem sobre situações de estresse intenso no dia a dia, no trânsito, no trabalho e assim por diante. Isso virou rotina, e a conversa sobre isso também. No entanto, a conversa fica angustiante quando o foco de tanto estresse e ansiedade é uma criança. Infelizmente, corre-se o risco disso também virar uma rotina.

É por que a vida está mais agitada? É por que a competição está acirrada? É por que quanto antes as crianças estiverem preparadas para a luta, mais chance elas terão? É por que o modelo dos pais leva a isso?

Certamente, é por tudo isso e muito mais.

Então, qual é a saída?

Até agora, só encontrei uma forma de auxiliar as famílias que me procuram com essas queixas: auxiliando os pais a aprender e ensinar aos seus filhos algumas maneiras de controlar a ansiedade. Aí entramos num terreno quase infinito e quase sem saída.

Tenho acompanhado pais que se esforçam em descobrir o que gera tanta ansiedade em si e nos filhos. Esse é um longo caminho que vai, provavelmente, até sua própria infância e, na maioria das vezes, até a infância dos seus pais.

O contato dos pais com os bebês é uma excelente oportunidade para influenciar os filhos, ajudando-os, desde o berço, a aprender técnicas calmantes de comportamento.

Por mais indefeso que seja um bebê, ele é capaz de ver, pelo modo como reagimos ao seu desconforto, que a emoção tem direção; que é possível passar de um estado de intensa agonia, raiva e intenso medo a um estado de conforto e recuperação. Os bebês, cujas necessidades emocionais não são levadas em conta, por outro lado, não têm a oportunidade de aprender isso. Quando choram de medo, tristeza ou irritação, apenas ficam mais assustados, tristes e irritados. Consequentemente, podem se tornar passivos, ficando a maior parte do tempo sem se expressar.

Entretanto, quando realmente se irritam, carecem totalmente de senso de controle. Ninguém jamais lhes ensinou como passar da agonia ao conforto; portanto, não podem se acalmar. Só conseguem sentir a emoção negativa, como um buraco negro de ansiedade e medo.

Há muitos anos, quando eu trabalhava com a preparação de casais para o parto, acompanhei um casal que tinha muita dificuldade em lidar com as emoções e muito medo de perder o controle. Após o nascimento do bebê, numa noite, o pai telefonou-me, dizendo que estava um caos em casa: o filho não parava de chorar, ele já havia brigado com a esposa, pois ela não conseguia fazer nada que fosse adequado, e ele estava desesperado sem saber o que fazer.

Eu perguntei o que ele tinha desejo de fazer se não precisasse se controlar, e ele me disse que queria sentar no chão e chorar. Eu sugeri que ele fosse ao quarto do bebê, sentasse no chão e chorasse. Liguei após uns 15 minutos, e eles me contaram: quando ele começou a chorar, a mulher deixou o bebê no berço, sentou-se ao lado dele, e os dois choraram, berrando. O bebê berrou muito mais; porém, quando eles pararam, a criança parou também.

A agitação e a inquietude do mundo moderno pode servir de álibi para a criação de filhos cada vez mais tensos e agitados ou pode ser um desafio para aprender, criar formas de melhorar essa condição e ensinar para os filhos.

Ao explicar e ensinar aos filhos como lidar com as ansiedades e os estresses da vida diária, os pais aprendem a ter controle sobre sua própria ansiedade. Podem criar, então, formas familiares, espontâneas e criativas, para resolver os medos, as dificuldades. Se os pais não aprenderem isso, vão usar a autoridade, impor muitos limites e esperar obediência estrita da criança, sem lhe dar explicações e sem ensinar novas e eficientes formas de lidar com medos e ansiedades, justificados ou não. Recentemente, vi um filme, em que, num momento de muita ansiedade, o filho começa a ter um distúrbio respiratório; o pai coloca o filho deitado sobre seu peito e o ensina a respirar no seu ritmo; aos poucos, vão um respirando pelo outro e conseguem diminuir o sintoma e a ansiedade dos dois.

Existem famílias que estão descobrindo formas de lidar com essas ansiedades e de aumentar o bem-estar. Fazer exercícios físicos todos juntos, trocar massagens, aprender técnicas de respiração, de relaxamento, e usá-las rotineiramente na família, priorizar espaços de lazer, de conversação, de atividades relaxantes e prazerosas são algumas formas.

Época certa

Quando faltavam alguns dias para minha filha fazer um ano, aconteceu uma situação: toda vez que eu colocava a chupeta em sua boca, ela empurrava com a língua e jogava fora a chupeta. Eu insistia, mil vezes... Então, tive a ideia de que não seria só uma brincadeira, mas talvez a hora certa de tirar a chupeta; assim fiz. Quando coloquei a chupeta, ela empurrou; brinquei com isso umas duas ou três vezes e não devolvi mais. Assim ficou.

Fiquei atenta para ver se ela faria alguma cena diferente, se não dormiria, se teria algum sinal de que estava sofrendo e querendo a chupeta. Nem eu, nem a babá (que era muito ligada e atenta), nem o pai, percebemos algo diferente. Dessa forma, suave, "na hora certa" ela separou-se da chupeta.

Essa experiência fez-me refletir e ficar e atenta sobre a hora certa de tirar as coisas, de mudar o comportamento. Aos poucos, fui enxergando isso acontecer; mas também vi acontecer o contrário, perder o momento certo. Na minha vida, na vida dos meus filhos, dos clientes e na vida em geral.

Quando pensamos no processo de formação de caráter[44], vemos a importância de cada fato na época certa. Em cada fase, a criança tem uma necessidade específica, que é a maior e mais vital; essa carência ou necessidade pode ser suprida, frustrada (pela falta ou pelo excesso) ou reprimida. As marcas dessas restrições formam

[44] REICH, W. **Análise do caráter**. São Paulo: Martins Fontes, 1972.

o indivíduo e sua estrutura básica de caráter, ou seja, definem como ele vai se defender, colocar-se, reagir nas situações da vida.

Se os pais ficarem atentos às mudanças do filho, podem ter a sensibilidade para tirar, dar, limitar, permitir de acordo com a "hora certa" dele. Isso evita culpas desnecessárias, inseguranças sobre o que permitir ou não e outras querelas que enlouquecem os pais na educação e na decisão do que fazer com seus filhos.

Sempre há uma hora adequada para conversas sobre sexo, sobre drogas, sobre limites, sobre liberdades e todas as outras conversas importantes e necessárias. Assim como há a hora certa para deixar coisas, para tomar decisões, para a vida sexual, para contar fatos, para sair de casa.

Fases e necessidades

As fases de desenvolvimento podem ser descritas focando-se nas necessidades básicas de cada uma. É um bom parâmetro para os pais: exercer sua função, fazer o que é necessário, levando em conta o foco daquele momento.

Assim, para o bebê, as necessidades mais importantes são amor e prazer; para a criança (1-4 anos), são criatividade e imaginação; para o menino ou a menina (4-6 anos), são divertimento e ludismo; para adolescentes, são romance e aventura; para o adulto, são realidade e responsabilidade. Se isso for, de alguma forma, respeitado, a pessoa desenvolve-se, grava tais experiências e torna-se um adulto que tem um bom contato com a realidade e responsabiliza-se pelos seus atos, integrando dar e receber amor e prazer, tendo espaço para criatividade, imaginação, ludismo, divertimento e aventura.[45] [46]

---

45 LOWEN, A. **Bioenergética**. São Paulo: Summus, 1982. p. 51.

46 Ver **Ciclos vitais**, p. 47.

Pertencer e separar-se

Entre as aprendizagens básicas na vida de uma pessoa, eu não tenho dúvida de que uma das mais importantes e, geralmente, a mais difícil é a de pertencer e separar-se. É um dos problemas que acompanham o homem durante sua existência. Pertencer e separar-se são as duas faces da mesma moeda, e as pessoas que aprendem uma serão, ao mesmo tempo, hábeis na outra. A família dá a seus membros o cunho da individualidade, mas essa experiência de identidade única depende de como foi vivenciado e aprendido, no seio da família, o sentido de pertencimento e o sentido de ser alguém separado. A família é, portanto, o laboratório em que tais ingredientes são misturados e administrados. É a matriz da identidade.

Pertencer à família

O primeiro sentido de pertencimento de uma criança é influenciado por seu sentido de pertencer a uma família específica. Aparece mediante um processo circular, como uma acomodação de parte da criança aos grupos familiares e das modificações e reações que o grupo familiar tem a partir da presença da criança. O relacionamento da criança com seus parentes traz formas específicas familiares de lidar com situações, de reagir aos eventos. Ao dizer "nós, os fulanos de tal, reagimos assim ou somos assim", mostra-se à criança e ela vai aprendendo o que é comum a várias pessoas, o que faz dela uma entre várias pessoas.

Uma das formas de se desenvolver na criança o seu sentido de pertencimento é desenvolver tarefas caseiras em cooperação. "Sonho que se sonha só, é só um sonho que se sonha só. Sonho que se sonha junto é realidade."[47]

Se as tarefas são realizadas como uma obrigação, perde-se a possibilidade de usar esse meio para desenvolver intimidade, para fazer parte do mesmo grupo, para construir raízes e histórias em comum.

Uma das funções básicas da família é a de historiador[48], que é desenvolvida por todos, mas que é desempenhada primordialmente pelos avós. É a integração do passado ao presente (e traz a possibilidade de planificar o futuro) e é uma das formas de desenvolver o sentido de pertencer.

Uma das vivências mais fortes de pertencimento que já vivi e à qual assisti foi quando participei de uma festa de família extensa. Eram quatro gerações de uma mesma família, que passaram um dia todo juntas, conversando, dançando, comendo e bebendo. Muitas pessoas que não se conheciam, mas que se sabiam parentes, compartilhando semelhanças e diferenças. Muito choro, muito riso, muita história e estórias. Todos os envolvidos saíram de lá com a certeza de fazerem parte de algo maior do que eles, maior do que aquilo que já tinham conhecido.

Se essa certeza de fazer parte instala-se, a criança adquire certeza de sobrevivência, de existência; assim, vai estar preparada para se separar, para viver e estar sozinha. Quem registrou que faz parte, que pertence, aprende a se separar, a lidar com a solidão, sem culpas. Este é um dos paradoxos humanos: para viver bem sozinho, é necessário ter certeza de que faz parte!

---

[47] SEIXAS, R. **Prelúdio**. Gravação de 1974.

[48] Ver **Espaço familiar**, Funções básicas familiares. p. 71.

Público e privado

A maioria das pessoas tem dificuldade em saber o que é do departamento público e o que é do departamento privado. Ensinar esses conceitos para as crianças é uma tarefa difícil e delicada, pois a separação entre os dois é sutil, tênue e mutante.

Num almoço de família, no domingo, a menininha vira para a namorada do tio, que frequentava a casa já há mais de ano, mas que era reservada, e pergunta, com total despreocupação: "Tia, você toma aqueles comprimidos para não ter filho?" No mal-estar geral, a mãe foi explicar para a filha: "Querida, isso não se pergunta, é uma intimidade das pessoas." A garotinha, sem entender, retrucou: "Mas ela é íntima minha, nós somos da mesma família, eu conto tudo para ela!"

Como lidar com essa situação?

Acredito que a lucidez sobre o que é público e o que é privado começa a ser construída nos primeiros momentos de vida; depende da forma como o parto e os primeiros instantes do bebê acontecem. O nascimento deveria ser um momento de total intimidade entre a mãe, seu bebê, que é parte íntima dela, e o pai, que é o coautor da magia e intimidade. Entretanto, o ato do nascimento tem sido uma cena em que a equipe de saúde é o centro da operação. Muitas vezes, esquecemo-nos de que é um ato de intimidade, que deveria ser rodeado de privacidade e respeito. Isso sem falarmos nas filmagens, no coro de assistência e em outras escolhas familiares.

De fato, tudo começa a se definir quando o casal descobre que está grávido. Eles podem lidar com essa informação de uma forma íntima e privada, usufruindo a magia do fato e construindo um elo de intimidade e emoção entre os três. Só depois, aos poucos, podem incluir outros filhos, a família e os outros vínculos pessoais e sociais.

A definição, do que é intimo, continua sendo construída no passar dos anos e das fases.

A alegria de uma mãe, ao contar os segredos dos filhos, pode encobrir a deslealdade com a intimidade e a privacidade dos mesmos! Dessa forma, muitos pais não conseguem entender por que seus filhos, depois de criados, não têm mais ligação de confiança, intimidade e compartilhamento. Inúmeros adultos relatam que perderam a possibilidade de ter intimidade com seus pais; a maioria deles lembra que isso começou a acontecer quando eram crianças e compartilhavam com seus pais suas dificuldades, suas conquistas, seus sentimentos; porém, quando menos esperavam, esse assunto estava na conversas dos parentes, dos vizinhos, dos professores. Os pais faziam isso porque não sabiam ser continentes e precisavam dividir com alguém, porque usavam os fatos do filho para se exibirem ou porque não tinham noção de respeito pelo que era compartilhado.

A maioria dos pais acha que tem direitos de invadir a privacidade dos filhos, em nome dos cuidados, em nome de manter o controle sobre coisas erradas que ele possa fazer. Com esse álibi, cometem atos que, além de invadir a intimidade dos filhos, de deturpar a noção do que é pessoal, familiar, público, cortam, aos poucos, os laços de afetividade e intimidade entre eles.

Ler o diário das filhas (mesmo que elas deixem à mostra); ler cartas; violar arquivos de Internet; entrar no banheiro quando a criança está de porta fechada; expor a intimidade e a vida íntima da criança, assim como seu corpo; controlar, desnecessariamente, a defecação e outros processos íntimos é um exemplo.

Esse é sempre um assunto tenso nas sessões de famílias e de pais, pois a intenção sempre é muito boa! De todas as razões que os pais têm para invadir a vida íntima dos filhos, as que mais defesa dão são o receio de que ele esteja fazendo algo errado e as questões ligadas com sexualidade. É o caso da porta arrancada do quarto do filho; dos pais que ouvem o telefonema na extensão; que leem o diário das filhas; que mexem na bolsa dos filhos.

Pais atentos aos filhos não precisam violar sua privacidade para perceber quando algo não está correndo como devia para, só então, buscar conversas francas, limites claros e outros instrumentos. Muitos pais não têm dados de que algo errado está acontecendo, mas têm um fantasma de que algo possa estar saindo mal. Costumo trabalhar com esses pais de forma que eles enxerguem os dados que a realidade lhes dá; que revejam seus temores e valores como algo da sua história pessoal. Ensino a eles como confiar no trabalho já feito; é necessário confiar na semente que se plantou!

No tocante à sexualidade dos filhos, sua primeira forma de lidar com a angústia e com o desejo de controle é revendo suas questões sexuais, da sua infância e atuais. Na maioria das vezes, ao trabalhar as questões individuais e do casal, os pais percebem que muito do que temem são seus próprios fantasmas. Fazendo essa separação, podem passar a ser bons acompanhantes do desenvolvimento afetivo e sexual dos filhos.

A vida sexual de uma pessoa é o que existe de mais íntimo nas suas relações; é um direito seu não expor, não comentar.

Não devemos basear a orientação sexual apenas no uso do preservativo ou do método anticoncepcional, mas sim no resgate do indivíduo como sujeito de suas ações e no compromisso consigo mesmo e com os outros. Essa proposição não invalida que se tenha sempre presente a anticoncepção como parte relevante da proposta preventiva. No entanto, não se pode esquecer das questões relacionais, afetivas e de intimidade. Elas envolvem, também, conhecimentos sobre sexualidade, reprodução e prazer.[49]

Uma outra questão, também ligada à definição de privacidade, é o excesso de intimidade entre pais e filhos. É comum encontrarmos mães que se orgulham de serem "as melhores amigas" das suas filhas. Pais que repetem essa afirmação são mais raros, mas existem. Quando essa situação acontece, é possível que, nessa família ou nesse

[49] WEINBERG, C. (Org). **Geração delivery**. São Paulo: Sá, 2001. p. 72.

vínculo, encontremos funções invertidas ou não desempenhadas, intimidades devassadas.

Mãe é mãe e tem de ser mãe; essa é sua função e tarefa. Não é tarefa e função de mãe ser a melhor amiga e confidente da filha. Para desempenhar as funções indispensáveis de maternagem e paternagem, os pais precisam ter papéis e funções claramente definidos e fazer uso adequado da autoridade. Amigo e confidente não tem essa tarefa. Filhos devem ter amigos e confidentes da sua própria idade, etapa e competência. Pais são orientadores e organizadores; precisam ser.

Uma moça que conheci tinha uma dificuldade imensa em confiar e acreditar em seus namorados e pretendentes. Cada vez que uma relação começava a se fortalecer, ela criava armadilhas para testar a seriedade do moço, duvidava, explicitamente, das suas palavras e intenções ou não era sincera no que fazia e dizia para ele. Ao tomar consciência da repetição desse padrão relacional e procurar uma razão para esse funcionamento, lembrou-se da sua mãe, relatando e confidenciando suas frustrações, desencantos e desenganos com os namorados que passou a ter após a separação conjugal. Essa moça, sem ter tido as experiências relacionais que lhe justificassem as desconfianças, estava vivenciando as dores que sentira pelos infortúnios da sua mãe em suas relações amorosas.

Uma mãe que conta suas intimidades para a filha, ou outra que sabe tudo da sua intimidade, está perdendo o **tempo** e a **alegria** de ser somente mãe para sua filha.

Pais e filhos podem ser amigos, confidentes, quando já tiverem idade e competência suficientes, quando forem **adultos**. Então, será puro prazer compartilhar de igual para igual. Entretanto, isso só é possível e só vai acontecer se souberem manter as limitações, tarefas e funções de cada uma das fases anteriores.

Uma mãe, que se dizia a melhor amiga da filha, que queria saber tudo que ela fizesse, que tudo compreenderia, procurou-me assustada porque não sabia mais o que fazer. Sempre pregara sua amizade e compreensão. Um dia, a filha lhe disse: "Já que você é minha amiga, vou lhe contar que fumo maconha!" A mãe, internamente muito assustada, não conseguia definir se devia se interessar como uma coleguinha da filha ou como uma mãe preocupada, com a tarefa de orientar e controlar.

Um caso interessante que acompanhei foi o de uma mãe com sua filha adolescente, as quais tinham uma boa relação afetiva. A filha, que tinha um namorado já de certo tempo, contou-lhe que estava tendo cólicas menstruais muito intensas, (realmente a mãe estava acompanhando esse fato), e que a ginecologista tinha sugerido que tomasse pílulas anticoncepcionais para resolver o problema.

Essa mãe ficou aliviadíssima. Sabia que, mais cedo ou mais tarde, sua filha começaria a ter relações sexuais e achava que era uma questão íntima dela. Não queria ficar olhando para a cara da filha toda vez que chegasse com o namorado e pensar: "Será que estavam transando, estavam se protegendo?" e coisas do gênero. Tudo que ela podia, devia e queria ter conversado com a filha sobre esse assunto já tinham conversado. Assim aconteceu. A filha passou a tomar anticoncepcional e, um dia, começou a transar sem que ninguém precisasse saber como e quando. Depois, passado um bom tempo, quando o assunto já não gerava ansiedade para as duas, puderam conversar o que se fez necessário.

Essa questão de compartilhar pode também ser desrespeitada quando o filho abre seu coração ou sua intimidade para um dos pais, e este passa a conversa para o outro progenitor. Muitas vezes, a conversa inclui dúvidas, vergonhas, medos, fantasias, e o filho elege um dos pais para se abrir, como alguém confiável. Se isso for passado adiante sem ser contratado com o filho, será um ato de traição. Existem situações em que é necessário e importante abrir o assunto para o outro pai. Isso deverá ser feito se envolve riscos, decisões, recontratos; porém, nesses casos, é imprescindível o cuidado em contratar a forma como fazer.

Uma mãe viveu a dúvida sobre o que fazer quando sua filha lhe contou que um dos amigos do pai a molestara. Era uma situação em que a mãe sentia-se na obrigação de alertar o pai, mas não sabia como fazer para não trair a confiança da filha. Conversei com as duas e, juntas, elas definiram como contar para o pai, preservando os sentimentos da filha, sem deixá-la correr riscos.

O oposto a isso é quando um dos pais fica mantendo os segredos do filho, traindo o outro pai e deixando o filho correr riscos por falta de limites, orientação e informação. Uma coisa é um filho entregar suas emoções e intimidade; outra completamente diferente é eleger um dos pais como seu parceiro nas safadezas ou na falta de responsabilidade.

Uma mãe estava desesperada; durante anos, protegera a filha, escondendo do pai o que ela fazia e que, sabiam, ele desaprovaria, proibiria ou puniria. Naquele momento, a filha estava envolvida em situações perigosas, correndo riscos, e ela não tinha autoridade para protegê-la ou para resolver a situação, mas também não tinha como pedir a ajuda do pai, o qual fora enganado por tanto tempo.

Existe um ato rotineiro que, normalmente, traz dificuldades nas relações pais e filhos: é a forma de lidar com a "porta do quarto do filho". Essa questão, a princípio tão simples, traz à tona as formas de se lidar com limites, privacidade; a forma dos pais lidarem com a sua porta (e com a porta do quarto do casal); as ansiedades e angústias de controle, medo, entre tantas coisas. Não permitir que se feche a porta; não dar chave do quarto do filho para ele; abrir abruptamente a porta; bater e entrar; bater e esperar; chutar a porta que se encontra fechada à chave; esconder a chave; arrancar a porta... cada um desses atos traz, em seu bojo, inúmeras emoções e angústias.

Outro assunto ligado à intimidade e privacidade é a questão de tocar ou tocar-se, aprender a ter prazer, respeitar-se, respeitar seu corpo. É importante que, desde bebezinhos, os filhos aprendam que o seu corpo pode ser uma fonte de carinho e prazer. Por outro lado, é importante que eles aprendam que o corpo propicia um exercício de prazer e intimidade que, só com sua permissão, pode ser feito. Com permissão, respeito e amorosidade. Se esse assunto for normalmente tratado, os filhos saberão lidar com as suaves nuanças desse terreno e sentirão tranquilidade em buscar os pais quando precisarem de orientação, de ajuda, de um espaço para discussão ou reflexão.

Cabe aos pais a tarefa de monitorar o crescimento dos filhos, mas é importante saber que nunca vão poder controlar a intimidade deles; forçar isso é um ato de agressão e invasão.

No mundo de hoje, com tantas invasões e ataques, uma das aprendizagens importantes é saber se cuidar: saber avaliar as situações que envolvem risco; saber "enxergar" os riscos das situações;

saber se proteger contra os riscos inevitáveis. Aprender a se cuidar depende de ter aprendido a ter senso de privacidade, de ter registrado que foi respeitado e cuidado.

Muitos comportamentos do dia a dia passam, sutilmente, de forma rotineira, a diferença entre o que deve ser colocado na intimidade e o que é de domínio público. Com certeza, quanto melhor os pais lidam com essa discriminação, mais facilidade os filhos têm em definir o quê, quando e como compartilhar sua vida, suas vivências, sua privacidade.

Superproteção

Quando eu era estudante de Terapia Corporal, estudava as fases de desenvolvimento do ser humano e a formação do caráter; um dos itens do programa era informações sobre as necessidades de cada uma das fases e o que poderia acontecer na relação com o bebê. Explicava-se que cada necessidade poderia ser suprida, frustrada ou reprimida, e minha surpresa foi a de que as formas de frustrar uma necessidade da criança eram: não lhe dar o que ela precisava ou **dar mais** do que ela precisava.

Essa compreensão fez muita diferença na forma de lidar com os pais superprotetores. Despendi muitas horas e interesse avaliando a situação das crianças que foram frustradas nas suas necessidades básicas através da superproteção, do supercuidado, da tentativa de suprir qualquer carência e sofrimento do filho. Todas as crianças que viveram essa situação sofrem danos na sua competência e autoestima; desde os que nunca aprenderam a ligar um fogão até os que não sabem lidar com seu dinheiro.

Filhos que não saem da casa dos pais

Um exemplo comum nos dias de hoje é o de filhos cronologicamente adultos, que não trabalham e ficam na casa dos pais. Dependem e sobrecarregam os pais. O álibi mais usado nessas situações é: "Somos frutos do que vocês plantaram". Se os pais acreditam nisso, contribuem para a infantilização do filho, e não terão argumentos que justifiquem seu desejo de que o filho vá para a vida, vá trabalhar, vá se sustentar. Por que correr risco se tem tudo aqui? É o que acontece na história em que o sapo foi alimentado na boca pelo seu criador e atrofiou a perna; nunca mais conseguiu pular.

"A paternidade é um ofício na vida, que passa de um para o outro; em essência, é prover orientação e proteção por um breve período, após o qual se deve deixar o objeto de atenção livre para progredir sozinho."[50] Saber que aquele ser só está sob seus cuidados por um curto espaço de tempo e que a sua tarefa é capacitá-lo para viver sozinho são dois requisitos básicos para os pais terem coragem e responsabilidade em diminuir a superproteção e refrear seu impulso de cuidar em excesso, fazer em excesso, dar em excesso.

Superproteção e culpa

É clássico na psicologia dizer que uma mãe superprotetora é, na maioria das vezes, uma mãe culpada. Realmente, é comum encontrarmos essa dobradinha. Independente da razão, explícita ou inconsciente, dos pais na superproteção, o estrago que ela faz nos filhos é real e, muitas vezes, desastroso. Todas as crianças superprotegidas têm certeza da sua própria incapacidade. Nunca testaram sua competência e, assim, têm uma autoestima muito rebaixada.

Um rapaz que procurou terapia porque não conseguia encontrar um emprego e não se conformava com a rigidez e exigência dos empregadores, com a competição ferrenha do mercado, surpreendeu-me com sua impossibilidade em fazer uma avaliação real das suas competências e incompetências. Ele não conseguia, ao menos, ter uma ideia de qual era a roupa adequada, a conversa indicada, o assunto que deveria apresentar ao se candidatar a qualquer emprego. Avaliando sua história, ele relata que a mãe sempre decidiu, definiu o que era melhor para cada situação. Além disso, ela sempre resolveu todos os problemas dele na escola, na vizinhança, na família. Agora, ele era cronologicamente adulto, vivia em outra cidade e precisava de um emprego para sobreviver. No entanto, não tinha a mínima ideia do que fazer.

---

50 BACH, E. **Cura-te a ti mesmo**. São Paulo: Pensamento, 1990. p. 40.

Começamos a construir sua competência com o treino de ele avaliar sua aparência, sua voz, seu olhar, as roupas que vestia, descobrindo qual imagem ele passava; depois, ele definir o que seria adequado passar em cada entrevista de seleção; então, ele começar a desenvolver as aprendizagens necessárias. A mãe, por outro lado, continuava a telefonar uma vez por semana, para dizer aonde ele deveria ir, o que fazer e como se comportar! Isso porque ela o amava muito e só queria o seu bem.

Excessos

Li uma vez sobre a mãe excessiva. Aquela que sempre faz mais ou de forma mais intensa do que seria necessário. O assunto encerrava-se assim: "Quem muito abraça, aperta tanto que paralisa".

Uma vez, uma mãe queixou-se a mim: toda vez que beijava o filho, ele limpava o beijo. Muito sem graça, ele disse que fazia assim para melhorar o formigamento sentido com o beijo da mãe, que era muito forte!

Consequências da superproteção

Pais superprotetores precisam analisar o produto dessa superproteção. É preciso observar os estragos da educação, pois crianças superprotegidas sofrem e demonstram isso de muitas formas. Fazem sintomas variados; são mais infantis ou mais adultos do que a idade pede; mostram seu sofrimento através de queixas e reclamações; descobrem seu próprio jeito de mostrar o sofrimento da situação.

É comum detectarmos crianças superprotegidas naquelas que querem tudo que veem, que não aceitam limites, que são infantilizadas ou chorominguentas. Entretanto, eu já vi muita criança superprotegida que não mostrava esses sintomas, mas sim dores de cabeça inexplicáveis, xixi na cama, terror noturno e outros sintomas.

Na superproteção, os pais amam a sua ideia de criança, e não a criança real. Qualquer movimento dela pode estragar o amor que recebe. Espera-se que ela aceite o excesso de cuidado e atenção, não se rebele, não se coloque, não faça nada. O resultado será sempre, dramaticamente, negativo: a criança não vive; ela fica impedida para sempre; ainda que tudo isso permaneça inconsciente.

Lembro-me de um rapaz que conheci (e de outros que passaram por mim) e que recebia tudo pronto; não precisava resolver nenhuma dificuldade; bastava esboçar o desejo, e ele era satisfeito. Isso tudo porque os pais haviam decidido (ou percebido desde tenra idade, como eles diziam) que o menino tinha uma tendência inata e definitiva para a diplomacia. Então, desde que ele entrou na pré-escola, a única coisa que ele tinha para fazer era estudar e preparar-se para ser diplomata.

Quando eu o conheci, estava se preparando para o vestibular. Ele demorou muito para passar no vestibular de Direito e, depois, gastou muitos anos da sua vida tentando passar no concurso do Instituto Rio Branco, para ser diplomata. Não passou.

Encontrei-o aos 35 anos; ele tinha uma lanchonete e fazia um curso de confeiteiro. Pensava em montar uma confeitaria ou trabalhar em uma. Contou-me que há quatro anos não via seus pais. Desistiu de visitá-los porque não suportava o sofrimento deles e as críticas por não ter dado conta da tarefa que lhe fora passada. Era muito difícil conviver com a mudança de tratamento, de amor e de carinhos, após seus fracassos e sua decisão de abandonar a fantasia de ser diplomata.

Outra questão que anula as reações da criança é o fato de que o filho não pode fazer nada contra uma mãe boa demais ou pais bons demais; só lhe resta ser dependente, obediente, passivo. Se receber a mensagem de que a mãe, ou os pais, sacrifica-se muito por ele, além de passivo, deve ficar culpado, muito culpado!

De um modo geral, os pais superprotetores têm uma autoestima rebaixada, o que faz com que esperem que, dando em excesso para os filhos, sejam amados por eles, sentindo-se potentes e melhores. O problema é que, como a gratidão dos filhos nunca vem na medida esperada, sentem-se mais rejeitados e aumentam os cuidados e mimos.[51]

Dessa forma, entra-se num círculo vicioso: quanto mais os pais dão e fazem, mais se sentem no direito de esperar retorno, de serem amados e qualificados por serem cuidadosos (e de fato mereceriam essa qualificação!). Porém, os filhos ficam cada vez menos hábeis em

[51] HUMPHREYS, p. 44.

dar carinho, retorno e qualificação aos pais, necessitando cada vez mais de cuidados, atenção e atendimento.

Uma mãe contou-me que se sentiu um monstro no dia em que pegou uma pasta na qual guardara todos os recibos das despesas que tivera, e ainda tinha, com a educação e o aprimoramento da sua filha; berrando, lia as especificações, as cifras e dizia para a filha o quanto ela era ingrata, má, desrespeitosa e todos os adjetivos agressivos de que se lembrava na hora. Segundo a filha, tudo isso aconteceu porque ela, a filha, contou que todas as suas amigas da faculdade amavam a mãe de uma das colegas; ela também achava a tal mãe um encanto, adequada, amiga. Segundo a mãe, o elogio à mãe alheia foi só a gota d'água. Foi o último ato de desqualificação à sua dedicação de tantos anos, nos quais só pensava na filha, só fazia pela filha, sem pensar ou fazer por si. No fim, era isso que recebia: a filha amava mais a outra do que a ela!

Uma das razões de termos verdadeiros tiranos dentro de casa é a supervalorização do respeito pela criança. Depois de anos e anos de psicologização e culpabilização dos pais, entrou-se na fase de respeitar os direitos da criança. Isso é necessário, mas quando é demais só atrapalha. Uma coisa é respeitar os direitos da criança; outra é achar que ela tem direito a tudo!

Uma das razões que trouxe uma família à terapia foi a impossibilidade de se concordar sobre o horário em que as filhas deveriam voltar para casa quando saiam à noite. O pai achava que deveria ser à uma hora, podendo, em casos especiais, ser às duas. As meninas argumentavam que era uma coisa absurda ter um horário, pois nunca se saberia com antecedência se o programa estaria bom ou não, se já estariam querendo voltar ou não. Achavam que poderiam voltar na hora em que as festas acabassem ou que elas não tivessem mais interesse em ficar. A mãe sentia-se perdida; achava que as meninas tinham razão, afinal eram jovens, eram ajuizadas, tinham de aproveitar a vida. Porém, tinha de admitir que, às vezes, achava que o marido tinha razão e deveria pôr um limite. Também confessou que não conseguia pegar no sono antes de ouvir o barulho das filhas chegando. Eu fiquei ouvindo essa argumentação, pesada por todos os lados; só depois de alguns minutos, lembrei-me que as jovenzinhas em questão tinham somente 12 e 14 anos!

AVISO

Se você ainda pensa que
sua vida familiar foi pior do que a da maioria;
se você ainda acredita que
a culpa das suas dificuldades é dos seus pais;
se você ainda acredita que seus pais deveriam mudar
a forma de ser para facilitar a sua vida;
se você acredita que tem boas razões
para não se responsabilizar;
se você ainda acha que
alguém é culpado pelos seus problemas;
se você ainda espera que alguém resolva por você;
se você ainda acredita que os bons álibis
(não posso; não consigo; vou tentar; tenho medo)
são verdadeiros para você ou para alguém; então,

NÃO LEIA A PARTE 3!

3

A VINGANÇA DO BOM FILHO

Essa ideia ou postura (a vingança do bom filho) é uma construção realizada no correr de 30 anos de trabalho com pais, filhos, adolescentes, adultos.

Quando comecei a trabalhar como psicoterapeuta, existia um senso comum na psicologia, e na população em geral, de que era esperado que adolescentes tivessem problemas com seus pais. Existia a ideia, inquestionável, do chamado "conflito de gerações". A inevitabilidade do conflito entre pais e filhos, por causa de hábitos, moral, regras diferentes, dava uma explicação para as dificuldades, dava a comodidade dos bons álibis e deixava pais, filhos e terapeutas quase sem ter o que fazer.

Nunca aceitei muito esse tal apaziguador "conflito de gerações". Algumas vezes, até usei-o como uma boa saída, mas sempre procurei outras saídas, outras circulações.

Aos poucos, fui estruturando a terapia com adolescentes, ou famílias com filhos adolescentes, sem me ater a essa leitura simplista da situação, nem levá-la em consideração. Passei a trabalhar focando a adolescência como a fase de vida em que o adolescente pode escolher e construir o adulto que ele deseja ser; focando a terapia como uma possibilidade de ele se preparar para ser o adulto escolhido.

Na maioria das vezes, os filhos, bem escolados pelas teorias psicológicas, pela culpa dos pais, pelo álibi do "conflito de gerações", tinham dificuldades em aceitar esse objetivo da terapia, escudando-se nos erros dos pais, nos sofrimentos que viveram. Vez ou outra, esses erros e sofrimentos eram comuns, normais, rotineiros nos embates de pais e filhos; porém, os maltratos e sofrimentos podiam ser, também, intensos e devastadores.

Precisei rever todos meus conceitos de vida para poder ter clareza e segurança ao propor que, independente da qualidade da relação que tiveram com os pais, todos os filhos podem fazer bom uso do bom e do ruim que recebeu ou sofreu.

Aos poucos, fui tendo certeza de que, seja o que for que a pessoa tenha vivido ou sofrido, é possível fazer um bom uso: treinar, aprender, compreender, reformular, transformar, transmutar.

O ponto nodal dessa forma de trabalhar é levar o adolescente a se responsabilizar pela vida que quer e escolhe construir. Viver as dores, expressá-las, perdoar, compreender fazem parte da tarefa de lidar com o que recebeu. A partir disso, inicia-se o programa de tomada de consciência das formas que cada indivíduo usa no seu funcionamento, bem como das aprendizagens, tarefas e mudanças que serão necessárias para definir o futuro que cada um escolhe ter.

Paralelo ao trabalho com o adolescente, e sempre que possível, é feito um trabalho com os pais, que visa ajudá-los a lidar com o direito e a necessidade de definir limites, ordens, regras. Os limites, as ordens e as regras não têm um certo ou errado, mas devem ser definidos e mantidos pelos pais em função de seus valores, desejos, escolhas. Outro ponto do trabalho com os pais é auxiliá-los, ensiná-los, a dar autonomia aos filhos, dependendo da responsabilidade e competência que eles provem.

Os adolescentes serão acompanhados no trabalho de aceitar os limites e, ao mesmo tempo, desenvolver responsabilidades e provar competência. Dessa forma, não se mantêm os álibis (dos pais e dos filhos) e busca-se desenvolver responsabilidade e competência (também dos pais e dos filhos).

Após anos trabalhando dessa forma, pude delimitar e enxergar um padrão de funcionamento que se apresentava na vida adulta de algumas pessoas: os adultos que "não davam certo" na sua vida ou em algum departamento dela.

Fui vendo que algumas pessoas eram bons filhos, adequados, amorosos, respeitosos; faziam tudo de forma a não dar brecha para os pais queixarem-se deles ou punirem-nos, mas fracassavam em aspectos importantes da sua vida, que sempre eram importantes para seus pais ou para um deles.

Percebi que isso acontecia com filhos de boas famílias. Famílias com pais "normalmente bons e maus", que se doaram aos filhos, que procuraram o melhor para seus filhos, que lhes passaram boa moral e bons costumes. Fui enxergando que a pior dor de um pai ou de uma mãe era um filho que "não dava certo"; um filho que não realizava seu potencial na área que era a mais importante para eles.

Um dia, sem nem bem saber por que, perguntei a uma cliente qual seria a pior dor para sua mãe, uma que ela pudesse causar para sua mãe. Ela não precisou pensar muito para chegar à conclusão do que seria: ela não dar certo, exatamente no que era mais importante para sua mãe. Por coincidência, era a área que ela não conseguia fluir.

Continuei pesquisando e vi que essa coincidência era comum a muitos e muitos casos. Então, passei a perguntar, rotineiramente, qual seria a grande vingança que cada um dos clientes poderia fazer com seus pais e continuar protegido por bons e reais álibis.

Aos poucos, o fato de não fazer o que era mais importante para o pai ou para a mãe, e ainda continuar protegido, foi aparecendo como regra comum em todos os casos. Por isso, eu desenvolvi algumas técnicas e posturas para auxiliar as pessoas a tomar consciência e sair desse imbróglio.

Com essa compreensão, a base do trabalho que faço é não permitir que o meu cliente faça "mau uso" dos traumas e das dificuldades da vida de criança ou adolescente. Explico e mantenho minha postura de que: eles chegam na adolescência e, depois na vida adulta, com o ônus e o bônus de terem sido criados naquele sistema familiar específico, com aquele padrão específico.

Nesse momento, a pessoa tem, basicamente, dois caminhos a escolher:

a) usa as dificuldades, os traumas, os sofrimentos vividos na infância como uma boa desculpa para suas dificuldades atuais e um bom álibi para explicar seus defeitos, suas impossibilidades;

b) usa as dificuldades vividas como um mapa, um sinalizador do que precisa aprender, precisa mudar; em quais departamentos da sua vida precisa prestar mais cuidados e atenção.

A qualidade afetiva e emocional de uma pessoa adulta depende do quanto ela se responsabiliza por sua história futura; ou seja, do quanto ela se dedica a limpar, perdoar, compreender a carga que recebeu; do quanto ela se encarrega de se aprimorar e tornar-se um adulto enriquecido pelas experiências da infância, sejam as positivas, sejam as negativas. Um mesmo fato traumático pode amargurar toda a vida de uma pessoa ou pode servir de estímulo para se reconstruir e construir novas e saudáveis relações.

É verdade que as experiências da infância determinam o nível de autoestima; porém, como adulto, a pessoa não pode continuar a culpar o passado por aquilo que sente no presente. Se fizer isso, continuará a "alimentar" os maus sentimentos a respeito de si mesmo.

Cada um pode escolher, como adulto, assumir a responsabilidade de mudar o seu nível de autoestima e de começar a curar os abusos do passado, de modo que possa se relacionar de maneira amorosa consigo mesmo, com seus parceiros e com seus filhos, além de criar uma vida familiar que seja diferente de suas próprias experiências da infância, de forma positiva.

Aceitar a leitura que responsabiliza cada um por seu processo possibilita mergulhar nas clarificações e mudanças dos próprios padrões de funcionamento. Tira os álibis, responsabiliza, muda a vida.

> Apesar da criança ter sido carente de amor e apoio e, como adulto, ficar privada da sua habilidade de funcionar, ou seja, para amar, dar e receber, a pessoa precisa atingir um entendimento da sua disfunção. Para tanto, o amor pode ser útil, mas ela precisa entender que ninguém pode viver por ela, respirar ou buscar por ela. Ela precisa saber que ser completa significa estar plenamente da posse de si mesma. Precisa saber que, para isso, terá que desenvolver autoconsciência, autoexpressão e autodomínio.[52]

[52] LOWEN, **Medo**... p. 174.

Uma cliente minha, que tinha uma mãe que fora muito dura e pouco amorosa com ela, trabalhou muitos ângulos da relação das duas, mas sempre voltava triste, pois a mãe conseguia magoá-la novamente. Só conseguiu romper esse padrão quando percebeu que, nas mudanças anteriores, sempre ficara esperando que a mãe percebesse a mágoa ou fizesse as mudanças que ela achava que deveria fazer. Percebeu, também, que sempre se reorganizava com o intuito de a mãe perceber, de provocar um efeito sobre ela. Dessa forma, tomou consciência de que quem podia, tinha potência, queria mudar era ela, e não a mãe! Aos poucos, teve controle sobre sua compulsão de ficar presa à avaliação externa e começou a desenvolver comportamentos de cura da sua mágoa com relação à mãe, independente de a mãe enxergar, aprovar ou também mudar.

Se os pais aprendem a lidar com sua vida tendo essa compreensão e responsabilidade, criam seus filhos de forma a não depositar nos pais a culpa das dificuldades, a responsabilidade, a chave da saída.

É uma clareza que tenho hoje, como pessoa, como mãe, como terapeuta: todas as dificuldades que tenho, todos os problemas que crio na relação com os meus filhos têm a ver com as questões que ainda deposito como responsabilidade dos meus próprios pais; dessa forma, crio um círculo vicioso, mantendo meus filhos na crença de que as dificuldades deles são minha responsabilidade, que eu tenho que ver, mudar, compreender. O risco é de eles não crescerem, não se responsabilizarem pela sua vida, pela história que podem escrever de forma diferente.

> Há elementos de importância fundamental na vida de uma pessoa, sobre os quais ela não tem a menor possibilidade de escolha. Ela não pode, por exemplo, escolher seus pais ou sua bagagem genética. Mas nem por isso lhe cabe considerar-se vítima ou privilegiada pelo destino. Ela estará sempre diante de uma questão básica: definir-se perante os estímulos que recebe, integrando os de origem externa com os de origem interna. É nesse sentido que se pode afirmar que, em larga escala, o homem é autor de sua própria história.[53]

---

[53] ANTON, I. L. C. **A escolha do cônjuge**: um entendimento sistêmico e psicodinâmico. Porto Alegre: Artes Médicas, 2000. p. 21.

O problema e o sofrimento são mais fáceis de suportar do que a solução. Essa é uma frase que ouvi, muitas vezes, de teóricos e terapeutas. Ela ilustra a dificuldade que encontro quando proponho às pessoas que escrevam sua própria história, sem os álibis que as dores da relação com os pais deram. A maioria titubeia, refuta, discute, pois abrir mão de culpar e responsabilizar os pais, pressupõe perdoá-los. Perdoá-los sem que eles saibam; perdoá-los sem que eles mudem; perdoá-los sem que eles se desculpem. É uma grande decisão e uma grande tarefa.

A tarefa de preparar um filho para se responsabilizar pela sua própria história começa quando ele é ainda muito pequeno.[54]

Um exemplo que ocorre com frequência é o da fobia escolar: a criança simplesmente não quer ir para a escola. Na maioria dos casos, descobre-se que tal comportamento ocorre para proteger a mãe; outras vezes, os pais. Dizendo que não vai, chorando ou fazendo outros sintomas, a criança, mesmo pequenininha, possibilita que a mãe não se dê conta das suas dificuldades na separação com o filho ou tenha suas boas desculpas para não enfrentar outras situações. Se a família funciona num movimento de crescimento, para frente, não tem como a criança não querer ir: é crescimento, é aprendizagem, é evolução.

Toda limitação que um indivíduo assume que tem impede-o de descobrir se esse é, de fato, um limite real. Por essa razão, digo que "não posso" e/ou "não consigo" são só bons álibis. Eles protegem e defendem a pessoa de, realmente, checar sua competência. Quando, aliadas a esses álibis, existem provas do que os pais deixaram de fazer pelo filho ou fizeram de forma errada, a situação fica intransponível.

Um adulto saudável trabalha para ter uma relação adulta e construtiva com os pais; não espera que os outros mudem para lhe dar prazer, mas sabe que ele é que deve mudar, sem ter ilusões. Compreende que os pais não mudarão, não podem mudar; mesmo assim, estabelece relações amorosas com eles. Simultaneamente, aumenta a consideração e o respeito pelos pais. Sabe que, se ele

---

[54] Ver **Superproteção**, p. 141.

próprio mudar, pode ser que todo o sistema mude. O primeiro movimento, porém, é seu.

Os filhos vivem muitos anos sob a influência das dificuldades que os pais apresentam, numa fase em que são totalmente moldáveis. Isso é verdade, mas não deve justificar atitudes contra os pais. A percepção da situação deve, sim, ser um ponto de partida para o autodesenvolvimento.

As palavras de Edward BACH[55] ilustram a necessidade da coragem para alguém ser uma pessoa em processo de desenvolvimento, independente de heranças recebidas ou situações vividas: "a conquista de nossa liberdade, a vitória de nossa individualidade e a independência exigirão, na maioria dos casos, muita coragem e fé". Há que se ter coragem, correr os riscos e pagar os preços pelas mudanças e responsabilidades que se assume ao decidir ser um adulto autônomo, sem usar os pais como álibis para suas queixas e dificuldades.

Só que a coragem sem a fé não nos leva muito longe. A fé faz manter a persistência, lutar e progredir no caminho da autodiscriminação. Não importa se é fé em Deus, se é fé no futuro, se é fé na natureza, se é fé no racional, se é fé em si mesmo, como na música ***Andar com Fé***, de Gilberto GIL[56].

Andá com fé eu vou,
Que a fé não costuma faiá.
Andá com fé eu vou,
Que a fé não costuma faiá.
Que a fé tá na mulher,
A fé tá na cobra coral.
Oô,
Num pedaço de pão.
A fé tá na maré,
Na lâmina de um punhal,

---

[55] BACH, p. 44.

[56] GIL, G. **Andar com fé**.

Oô,
Na luz, na escuridão.
Andá com fé eu vou,
Que a fé não costuma faiá.
Andá com fé eu vou,
Que a fé não costuma faiá.
A fé tá na manhã,
A fé tá no anoitecer,
Oô,
No calor do verão.
A fé tá viva e sã,
A fé também tá pra morrer,
Oô,
Triste na solidão.
Andá com fé eu vou,
Que a fé não costuma faiá.
Andá com fé eu vou,
Que a fé não costuma faiá.
Certo ou errado, até
A fé vai onde quer que eu vá,
Oô,
A pé ou de avião.
Mesmo a quem não tem fé,
A fé costuma acompanhar,
Oô,
Pelo sim, pelo não.

4
FINALIZANDO

Passado, presente, futuro

É comum aos terapeutas que trabalham com uma visão transgeracional (olhando as várias gerações de uma mesma família) o conceito: o que a geração anterior constrói fica à disposição das gerações seguintes, que tendem a funcionar segundo o nível e os modelos de organização do qual participam, desde tenra idade.

O que a geração anterior deixa de resolver, ou resolve mal, constitui-se em entrave ao crescimento, de modo que a geração seguinte terá de se organizar para aprender o que ficou pendente.

Em muitas situações, vi-me frente a um cliente que decidia reformular ou não sua forma de vida e perguntei sobre o que ele gostaria que seu neto falasse ou pensasse dele. Muitas vezes, essa pergunta reorganizou o olhar que a pessoa tinha sobre sua história, encaminhando para mudanças estruturais.

Um rapaz procurou-me para terapia quando estava se separando da primeira esposa, com quem tinha um filho. Ele já estava envolvido com outra mulher, já tinham casa comum, e ela achava que estava grávida. Ele queria minha ajuda para se separar da forma menos dolorosa possível. Ao concretizar a separação, parou a terapia. Retornou alguns anos depois, quando estava querendo se separar da segunda esposa porque estava apaixonado e esperando um bebê com a secretária. Queria ajuda para resolver, o menos traumaticamente possível, a situação. Ao separar-se, parou a terapia. Três anos depois, retornou. Estava em crise com a esposa e encantado por uma estagiária da empresa.

Eu achei que já estava demais! Usei muitos argumentos e redefinições para ver se ele propunha-se a mudar o jeito de ser, ao invés de mudar de mulher e colecionar filhos. Nada seduzia o moço para uma verdadeira terapia. Então, pedi que ele escrevesse o que seu neto, dali a 40 anos, diria sobre esse avô. Ele escreveu sobre sua dificuldade em ficar numa situação insatisfatória; sobre a facilidade que tinha em deixar espaço para que os outros agissem, de forma a definir o caminho que ele teria de percorrer; bem como sobre outros componentes do seu funcionamento atual. Essa consciência do seu padrão foi definitiva na decisão de começar a se trabalhar, a aprender com as relações, a fazer seu próprio processo.

Para que uma família mantenha-se viva e em funcionamento, precisa contar com objetivos em comum, que lhe apontem o norte, contribuindo ativamente para seu equilíbrio e coesão. Existem alguns indicativos de funcionalidade familiar. Eles não são lineares, nem servem para todos e em todos os momentos, mas ajudam os pais que querem ter uma ação eficiente na formação de filhos úteis e saudáveis. Uma família funcional precisa treinar os aspectos descritos a seguir.

Continência – A família tem a capacidade de dar apoio aos seus membros nas horas de alegria, de dificuldades, de frustrações, de perdas, de erros.

Pertencimento – Os membros da família têm certeza de que fazem parte de uma família: ela é única, tem características próprias, aspectos positivos e negativos específicos, mas é a **sua** família; é para onde se pode voltar a qualquer momento; é o que dá definição de muitas das suas características pessoais.

Crescimento e libertação – O movimento familiar qualifica e estimula a diferenciação e independência de seus membros, possibilitando experiências individuais que abrem espaço para novas aprendizagens e novos movimentos, facilitando as mudanças individuais.

Tarefas do ciclo vital – As famílias desempenham tarefas e funções pertinentes a cada ciclo de desenvolvimento familiar; as quais são diferentes e necessárias quando se tem criança pequena, adolescentes ou adultos, por exemplo.

Circularidade e comunicação – As famílias não têm assuntos ou situações tabus, não retêm as informações sobre fatos, desejos ou sentimentos; nelas, tarefas, funções, direitos e deveres circulam entre as pessoas de acordo com o momento e a necessidade

Regras e normas – Nas famílias, existem regras de funcionamento, fluxos e rotinas, e esses mecanismos são explícitos, negociados na medida da possibilidade, flexíveis para se adaptarem ao momento, à fase em que a família está, e às necessidades.[57]

Subsistemas claramente definidos e fronteiras claras e permeáveis – Todos da família sabem quem faz parte e participa de cada grupo familiar, quem pode fazer parte e mudar de grupo, dependendo das tarefas e funções de cada um.[58]

Hierarquia – As famílias explicitam e desenvolvem as questões hierárquicas, sem rigidez, mas de acordo com funções e necessidades.

A saúde e a funcionalidade correspondem-se. Assim, famílias saudáveis ou funcionais preparam caminhos, sem abrir mão das naturais dificuldades, do sabor de aventura e conquista. Seus membros tornam-se fortes, mas sensíveis; deixam-se guiar por um misto de inteligência e intuição, o que resulta no que podemos entender como "sabedoria".

Nós aprendemos, em primeira instância, nos braços de nossos pais e dos que os acompanham na tarefa de maternagem/paternagem, a acreditar que somos seres merecedores de amor e que encontraremos pessoas capazes de nos amar.

Uma família em processo de desenvolvimento funcional está sempre treinando a capacidade de compartilhar momentos, ideias e sentimentos; a capacidade de acolher o outro com genuíno interesse e carinho; a capacidade de assumir responsabilidades por si

[57] Ver **Espaço familiar**, p. 67, e **Ciclos vitais**, p. 47.

[58] Ver **Espaço familiar**, Subsistemas familiares, p. 69.

mesmo e pela sua parte na relação, contribuindo para que ela se desenvolva e enriqueça; a empatia, a compreensão, o respeito e o amor; a capacidade de elaborar seus próprios conflitos e de aproveitar a experiência passada nas vivências presentes; a criação e a preservação de um espaço para a realização individual; o interesse sincero no desenvolvimento do parceiro. Assim, por toda a vida.

Último

Procure me amar quando eu menos merecer, pois é quando mais preciso.
(provérbio sueco)

Uma mãe, nos seus 50 anos, com dois filhos adultos e um bom marido, encontrou um cartão com esses dizeres e resolveu dar um cartão para cada um dos seus filhos no dia das mães, que seria um mês depois.

Achou perfeito, pois resumia tudo que ela gostaria de pedir para seus filhos: que não a criticassem quando ela cometesse gafes; que não insistissem para ela se arrumar quando estava desanimada; que não reclamassem para ela dos erros e esquecimentos da empregada; que não rissem da forma como ela cantava e dançava suas músicas prediletas; que, quando ela tivesse um ataque de choro, só a abraçassem, carinhosamente, sem críticas ou perguntas; que arrumassem a bagunça do quarto, da sala ou da cozinha só porque ela estava chegando e odiava aquilo; que ficassem quietos quando ela destemperasse, mesmo sem razão aparente; que não esperassem agradecimentos pelas coisas que ela acha que são deveres mínimos; que lhe providenciassem um chá quente e um roupão macio nos seus maus dias.

Com o passar dos dias, ela foi exercitando prever a reação os filhos ao receber o cartão. Na dúvida sobre se mantinha a decisão ou não, foi enxergando o quanto os filhos se sentiriam criticados;

como eles reagiriam, criticando-a; como diriam que ela nunca estava satisfeita, que não via o que eles tinham de bom. Com isso, ela foi se sentindo mal, incompreendida, mal amada e ficou pensando como fazer para que não fosse tão ruim.

Resolveu mostrar o cartão para uma amiga e ver a reação. A amiga viu, leu e achou interessantíssimo dar esse cartão para a sua mãe; ficou se deliciando com o que poderia fazer com a mãe, dando-lhe aquele cartão. No susto, a mulher não conseguiu explicar que não era para dar para a mãe, e sim para os filhos!

Passou, então, a exercitar o avesso. Como seria receber esse cartão de um dos filhos? Ele daria o cartão com pedidos embutidos: que ela não o criticasse por esquecer os compromissos, tão importantes para ela, e não para ele; que não o achasse burro por não saber quem era determinado autor, político, personagem que foi vital para o mundo, na visão da mãe; que não "marcasse cerrado" todas as vezes que tivesse "maus modos"; que entendesse o quanto é importante para ele se explicar, enquanto ela fecha a questão; que não insistisse para saber as suas respostas, quando ele mesmo não as sabe; que aceitasse quando ele não está de bem, satisfeito e sorrindo, sem saber por que está assim; que não esperasse agradecimentos e reconhecimentos pelas funções básicas de sobrevivência; que lhe desse colo quando fosse possível, sem aproveitar o bom momento para fazer críticas que não conseguiu fazer antes.

Desistiu de dar o cartão.

Referências

ANTON, I. L. C. **A escolha do cônjuge**: um entendimento sistêmico e psicodinâmico. Porto Alegre: Artes Médicas, 2000.

BACH, E. **Cura-te a ti mesmo**. São Paulo: Pensamento, 1990.

BOSCOLO, L.; BERTRANDO, P. **Los tiempos del tiempo**: una nueva perspectiva para la consulta y la terapia sistémicas. Barcelona: Paidós, 1996.

CERVENY, C. M. O.; BERTHOUD, C. M. E. **Visitando a família ao longo do ciclo vital**. São Paulo: Casa do Psicólogo, 2002.

FIGUEIREDO, M. Alegria, a energia libertadora. In: COSTA, R. P. da (Org.) **Um homem à frente do seu tempo**: psicodrama de Moreno no século XXI. São Paulo: Ágora, 2001.

FURLONG, D. **A influência dos padrões familiares na sua vida atual**. São Paulo: Cultrix, 1999.

GAIRSA, J. A. **A família de que se fala e a família de que se sofre**. São Paulo: Ágora, 1986.

GIL, G. **Andar com fé**.

GOLEMAN, D. **Inteligência emocional**. Rio de Janeiro: Objetiva, 1995.

GOTTMAN, J.; DeCLAIRE, J. **Inteligência emocional e a arte de educar nossos filhos**. Rio de Janeiro: Objetiva, 1997.

GROISMAN, M. **Família**: trama e terapia. A responsabilidade repartida. Rio de Janeiro: Objetiva, 1991.

HUMPHREYS, T. **A família**. Ame-a e deixe-a. São Paulo: Ground, 2000.

LOWEN, A. **Alegria**: a entrega ao corpo e à vida. São Paulo: Summus, 1997.

LOWEN, A. **Bioenergética**. São Paulo: Summus, 1982.

LOWEN, A. **Medo da vida**. São Paulo: Summus, 1986.

LOWEN, A. **Prazer**: uma abordagem criativa da vida. São Paulo: Summus, 1984.

MINUCHIN, S.; NICHOLS, M. P. **A cura da família**. Porto Alegre: Artes Médicas, 1995.

REICH, E.; ZORNÀNSZKY, E. **Energia vital pela bioenergética suave**. São Paulo: Summus, 1998.

REICH, W. **Análise do caráter**. São Paulo: Martins Fontes, 1972.

ROSSET, S. M. **Trabalhando adolescentes e suas famílias no processo de desenvolvimento de autonomia**. Trabalho apresentado em Mesa Redonda, no 5. Congresso Brasileiro de Terapia Familiar, Salvador, ago. 2002.

ROSSET, S. M. **Izabel Augusta**: a família como caminho. Belo Horizonte: Artesã, 2014.

ROSSET, S. M. **Prevenção de neurose**. Palestra feita no 1. Encontro sobre Gestação, Parto e Primeiras Relações com o Bebê, no Núcleo de Psicologia Clínica, Curitiba, 10 nov. 1984.

ROSSET, S. M. Psicologia do parto. **Curitiba Shopping**, 1979.

ROSSET, S. M.; PAULUS, T. C. F. B. **Terapia Relacional Sistêmica**. Trabalho apresentado no Seminário Clínico do Núcleo de Psicologia Clínica, Curitiba, 30 abr. 1990.

SATIR, V. **Terapia do grupo familiar**. Rio de Janeiro: Francisco Alves, 1977.

SCHUTZ, W. **Profunda simplicidade**. São Paulo: Ágora, 1989.

SEIXAS, R. **Prelúdio**. Gravação de 1974.

SEURRIER, C. **Elogio às mães más**. São Paulo: Summus, 1993.

SHEEHY, G. **Novas passagens**: um roteiro para a vida inteira. Rio de Janeiro: Rocco, 1997.

UM grande garoto. About a Boy, Inglaterra, 2002.

WEINBERG, C. (Org.) **Geração *delivery***. São Paulo: Sá, 2001.

Obras consultadas

ANDOLFI, M.; ANGELO, C. **Tempo e mito em terapia familiar**. Porto Alegre: Artes Médicas, 1989.

BOWEN, M. **De la familia al individuo**: la diferenciación del sí mismo en el sistema familiar. Barcelona: Paidós, 1998.

BRUN, G. **Bem-me-quer, mal-me-quer**: retratos do divórcio. Rio de Janeiro: Record, 2001.

BRUN, G. **Pais, filhos & cia. ilimitada**. Rio de Janeiro: Record, 1999.

CARTER, B.; McGOLDRICK, M. et al. **As mudanças no ciclo da vida familiar**. Porto Alegre: Artes Médicas, 1995.

GAUDERER, C. **Tolerância zero em educação**. Rio de Janeiro: DP&A, 2000.

MILMAN, L. **Cresceram!**: um guia para pais de adolescentes. Rio de Janeiro: Nova Fronteira, 1998.

MINUCHIN, S. **Calidoscopio familiar**. Barcelona: Paidós, 1991.

MINUCHIN, S. **Famílias**: funcionamento e tratamento. Porto Alegre: Artes Médicas, 1990.

MINUCHIN, S.; FISHMAN, H. C. **Técnicas de terapia familiar**. Porto Alegre: Artes Médicas, 1990.

MORIN, E. **O método I**: a natureza da natureza. 3ª ed. Lisboa, Portugal: Europa-América, 1977.

ROSSET, S. M. **Compreensão relacional sistêmica dos sintomas**. Palestra feita no Curso de Terapia Relacional Sistêmica, Curitiba, dez. 2002.

ROSSET, S. M. **A família como caminho**. Trabalho apresentado na Vivência A Família como Caminho, no Encontro Sul Brasileiro de Psicodrama da FEBRAP, Curitiba, out. 2001.

ROSSET, S. M. **Terapia Sistêmica Individual**. Curso ministrado no 3. Congresso Brasileiro de Terapia Familiar, ABRATEF, Rio de Janeiro, jul. 1998.

SATIR, V. **The new people making**. Mountain View, USA: Science and Behavior Books, 1988.

SHEEHY, G. **Passagens**: crises previsíveis da vida adulta. Rio de Janeiro: Francisco Alves, 1980.

SHINYASHIKI, R. **A carícia essencial**: uma psicologia do afeto. São Paulo: Gente, 1988.

SILVERSTEIN, O; RASHBAUM, B. **A coragem de criar grandes homens**: uma nova maneira de educar os filhos. Rio de Janeiro: Rosa dos Tempos, 1997.

VASCONCELLOS, M. J. E. de. **Pensamento sistêmico**: o novo paradigma da ciência. Campinas: Papirus, 2002.

Informações sobre eventos

Para maiores informações sobre Cursos, Palestras, Workshops e Textos acerca de Terapia Relacional Sistêmica e Psicoterapia (individual, família, casal e grupo), entrar em contato com:

Artesã Editora
Site: www.artesaeditora.com.br
Email: contato@artesaeditora.com.br
Belo Horizonte - MG

Solange Maria Rosset
site: www.srosset.com.br
Email: srosset@terra.com.br
Telefone:/Fax: (41) 3335-5554
Curitiba-PR

Outras obras da autora

Izabel Augusta - A Família Como Caminho

Autora: Solange Maria Rosset

O livro conta a história de uma família durante a fase de Terapia Familiar.Engloba os relatos das sessões e dos acontecimentos familiares entre os atendimentos, e cada capítulo é seguido de um processamento teórico e técnico focando as estratégias terapêuticas de cada sessão, bem como as técnicas usadas e as intervenções feitas.O leitor pode ler o livro como um romance de aventura ou como um texto técnico, que relata e reflete as questões básicas de um terapeuta.Enfocando o entrelaçamento dos processos individuais e do processo da família, ilustra os pressupostos da Terapia Relacional Sistêmica.

Terapia Relacional Sistêmica
Famílias Casais Indivíduos Grupos

Autora: Solange Maria Rosset

A consciência do próprio funcionamento é o primeiro e imprescindível passo para a mudança. Qualquer mudança pessoal ou relacional pressupõe que o sujeito esteja enxergando seu próprio funcionamento: o que faz como faz, para que faz. Esse é o foco da Terapia Relacional Sistêmica, estruturada durante os últimos 23 anos, e é o fio condutor dos trabalhos clínicos (com famílias, indivíduos, casais e grupos), do trabalho de formação de terapeutas e do processo de todas as pessoas que, usando os pressupostos relacionais sistêmicos, aventuram-se no aprimoramento pessoal e relacional.

123 Técnicas de Psicoterapia Relacional Sistêmica

Autora: Solange Maria Rosset

123 técnicas de terapia relacional sistêmica apresenta o panorama do trabalho clínico da autora através das técnicas que criou e adaptou em mais de 28 anos como psicoterapeuta. Além de inserir as técnicas é apresentado um apanhado sobre a Terapia Relacional Sistêmica, suas propostas e posturas básicas. Contém também conceitos teóricos importantes para a escolha e uso de técnicas em psicoterapia. A escolha da técnica adequada é importante para atingir os objetivos terapêuticos desejados. Nessa escolha, é necessário levar em conta o padrão de funcionamento do cliente, a colocação adequada das consignas, o tempo e o espaço de que se dispõe e a vivência do terapeuta.

Mais Técnicas de Psicoterapia Relacional Sistêmica

Autora: Solange Maria Rosset

Este livro, "Mais técnicas de Psicoterapia Relacional sistêmica", publicado 10 anos após a edição de "123 técnicas de psicoterapia relacional sistêmica", confirma a importância do uso sistêmico das técnicas na psicoterapia.Todas as 93 técnicas apresentadas são técnicas coerentes à proposta terapêutica Relacional Sistêmica, cujo foco é o trabalho com os padrões de funcionamento. No entanto, todas elas podem ser usadas por outras linhas teóricas e também serem adaptadas para outros trabalhos que não sejam de psicoterapia.

O Casal Nosso de Cada Dia

Autora: Solange Maria Rosset

O Casal Nosso de Cada Dia, apresenta as questões do relacionamento de casal como uma possibilidade de crescimento e desenvolvimento da relação e dos indivíduos envolvidos. A autora defende uma postura própria: com criatividade, esforço e coragem, é possível criar e recriar uma parceria saudável em todos os momentos da vida em comum. Para os profissionais de Terapia de Casal esse livro é um complemento importante para clarear alguns pontos, auxiliar a colocação de outros e facilitar o trabalho com os clientes; para os psicoterapeutas de outras áreas, é útil na abordagem dos assuntos de relacionamentos, casais e parcerias. O Casal Nosso de Cada Dia é uma proposta e uma aposta: relacionar-se com intimidade e parceria é possível e vale o investimento.

Este livro foi composto com tipografia Myriad Pro
e impresso em papel Off-Set 75g. na Gráfica DelRey.